FC ImmerGut

oder:

Wenn der Spaß (Alkohol) an erster Stelle steht,

ist die Kreisklasse das Maß aller Dinge!

Der "FC ImmerGut"

erzählt eine (Tatsachen) Geschichte, die sich so oder so ähnlich, tausendmal in Deutschland abgespielt hat und sich auch bis heute immer wieder abspielt. Sie basiert auf der Historie von ehemals drei stolzen Vereinen aus Rheinland-Pfalz, dem Großraum Köln und dem Nordwesten Deutschlands, die zu ihren besten Zeiten Bezirks- und Landesligaluft schnuppern durften.

Um nicht drei Geschichten gleichzeitig zu erzählen, wurden die „erlebten Erfahrungen" mit den Erzählungen von ehemaligen Spielern und Vereinsfunktionären zu einem Verein, dem

FC ImmerGut zusammengefügt.

Der **FC ImmerGut** steht quasi für alle Vereine, die eine ähnliche Situation durchgemacht haben bzw. gerade durchmachen.

Schnell werden sich die „Helden von Damals" in dem Buch ebenso wiederfinden, wie die jungen „Akteure von heute".

Das Buch beschreibt exakt, wie es um viele Vereine in den unteren Amateurklassen des deutschen Fußballs bestellt ist und warum dem Fußball viele Talente verloren gehen oder erst gar nicht entdeckt werden. Es wird versucht dem Leser zu vermitteln, dass sich bis heute eigentlich nichts geändert hat und wenn nicht das „Wunder" geschieht, auch nichts ändern wird.

Überleben ist alles!

Frei nach dem Motto „Tradition verpflichtet" und wir machen das schon, versuchen die meisten Vereine der unteren Amateurklassen ihren Spielbetrieb so gut es geht irgendwie aufrechtzuerhalten. Im Gegensatz zu den Top-Profclubs, die erkannt haben, dass das meiste Geld mit Merchandising, Übertragungsrechten und letztendlich „Spielertransfers" zu erzielen ist, setzen sie auf die altbewährten Begriffe wie:

Ehrenamtlichkeit, Sponsoring, Mitgliederbeiträge sowie Feste und Veranstaltungen, um ihren finanziellen Bedarf zu decken. Dass aber immer mehr Sponsoren abspringen, bzw. weniger an Unterstützung beisteuern, dass neue Mitglieder kaum zu gewinnen sind und Mitgliederbeiträge oft nicht gezahlt werden, kompensieren sie durch Ehrenamtlichkeit und Gewinn versprechende Aktionen wie: Sportfeste, Trainingscamps, etc. Frei nach dem Motto: Schließlich soll der Fußball Spaß machen und keinen Leistungsdruck erzeugen.

Überlebensstrategie Nr. 1 „**Spaß und Geselligkeit**"

Mannschaften werden nicht durch sportlichen Erfolg zu einem Team geformt, sondern vielmehr steht der Alkohol und der vorgeschobene Spaß im Vordergrund. Es ist wichtiger, dass jede Mannschaft über eine perfekte, brandneue Ausstattung vom Trikotsatz, über Trainingsanzüge, bis hin zu Sporttaschen und das schon für Bambinis verfügt, als die Jugendarbeit zu koordinieren und die Trainer/Betreuer vernünftig auszubilden, bzw. zu bezahlen. Talentierte Spieler/innen, die nicht durch Alkohol und Vergnügen auf das spielerische Niveau des Vereins reduziert werden wollen, melden sich erst gar nicht an, wandern ab oder hören ganz mit dem Fußballspielen auf. Der Verein reiht sich somit nahtlos in die Rolle der vielen anderen, bei denen etwas „Neues" ein absolutes „NoGo" ist, ein.

Frei erfunden ist der plötzliche Wandel in der Philosophie dieses fiktiven Vereines, der kurz vor seinem x-ten Absturz erlebt, dass er durch Schaffung eines Alleinstellungsmerkmals plötzlich zu viel Geld und Ansehen gelangt, ohne dass er den Zusatz (voll) in seinem Vereinsnamen tragen muss.

Anmerkung: Die Angaben zu den jeweiligen Spielklassen entspricht nicht der Realität, da die drei Orte in unterschiedlichen Bundesländern liegen und diese oft auch unterschiedliche Spielklassen und Ligabezeichnungen hatten. (1-3 Kreisklasse, 1-5 Kreisklasse, Bezirksliga etc.)

Alle Namen von Personen, Vereinen und Orten sind frei erfunden. Ähnlichkeiten oder Übereinstimmungen sind rein zufällig.

Impressum

Bibliografische Informationen der Deutschen Nationalbibliothek:

Die Deutsche Nationalbibliothek verzeichnet diese Publikation in der Deutschen Nationalbibliografie; detaillierte bibliografische Daten sind im Internet über http://dnb.dnb.de abrufbar.

9 783749 479764

2018 Theo Gitzen

Herstellung und Verlag
BoD – Books on Demand, Norderstedt

ISBN - 9783749479764

Inhaltsverzeichnis:

Über den Autor
Theo Gitzen

Jahrgang 1956, ist in einem kleinen Eifeldorf aufgewachsen. Für ihn gab es für ihn nichts schlimmeres, als Tage an denen er nicht auf den holprigen Sportplatz konnte um dort tagsüber mit Gleichaltrigen und abends mit Erwachsenen Fußball zu spielen. Erst im Alter von 14 Jahren ließen ihn seine Eltern im Nachbardorf in der dortigen B-Jugend spielen. Ein Jahr später folgte die A-Jugend und mit 17 der erste Einsatz in der 1. Mannschaft eines anderen Dorfvereins. Bei diesem stand Spaß an erster Stelle und das Bier floss in Strömen, egal ob Sieg oder Niederlage. Der Verein, bei dem er spielte, wurde schnell uninteressant. Zu groß und spannend waren die Stadtmeisterschaften für Theken- und Betriebsmann-schaften, in denen zu dieser Zeit, hier und da, auch namhafte Spieler aus dem bekannten Bundesligaclub sowie Landesligavereinen spielten. Schließlich gab es lukrative Auflaufprämien, und die Anerkennung bei weiblichen Fans war riesengroß. Natürlich stand auch hier die Geselligkeit in Diskos und Kneipen im Vordergrund. Zu seiner Hochzeit spielte Theo gleichzeitig in bis zu vier Theken- und drei Betriebsmannschaften. Er trainierte eine Damenmannschaft und war Co- und Torwart-Trainer eines Traditionsvereins. Mit 33 zwangen ihn starke Rückenschmerzen zum Aufhören mit dem Fußballsport. Erst 25 Jahre später widmete er seine Aufmerksamkeit dem Jugendfußball in einem kleinen, norddeutschen Dorf, wo er neben der Trainertätigkeit damit begann, seine ganze Erfahrung in die Optimierung von Spielern einzubringen. Im Laufe der Jahre entwickelte er ein standardisiertes IST-Werte-Erfassungsverfahren unter der Bezeichnung „FFP-Potential-analyseverfahren", um Anhand der erhaltenen Ergebnisse gezielt Trainingseinheiten zu erarbeiten und kontrolliert vorhandene Potentiale von Spielern zu optimieren und Schwächen abzustellen. 750 Potentialanalysen an Spielern/innen unterschiedlichen Alters, sowie einer Bundesliga U17 Mannschaft aus einem süddeutschen NLZ betätigten seine These, dass subjektive

Spielerbeurteilung bei fast allen Trainern an erster Stelle steht. Tatsächliche Ergebnisse von IST-Analysen zeigen den Trainern jedoch unverhohlen, ja fast brutal, wie schwach ausgebildet die meisten ihrer Spieler in Wirklichkeit sind. Deshalb sind Potentialanalysen von ihnen auch nicht wirklich erwünscht.

Was ihn aber am meisten dazu veranlasste dieses Buch zu schreiben, war die Tatsache, dass in den meisten Vereinen die „Kiste Bier" das scheinbar wichtigste Trainingsgerät ist und auch schonungslos schon dem Nachwuchs präsentiert, bzw. angeboten wird. Frei nach dem Motto:

Wer nicht mit trinkt - ist eine Memme!

Es gab kaum einen Trainingstag, an dem nicht eine leere oder eine volle Kiste Bier in der Kabine stand und somit auch schon den Kids signalisierte, „Saufen" - vor und nach dem Spiel oder Training - ist schön und macht erst einen richtigen Fußballer aus dir!

Das iTüpfelchen jedoch war das Wettangebot, welches ein Vater seinem ca. 8jährigen Sohn unmittelbar nach dem Training machte.

Original Zitat (Juli 2019)

„Also, wenn der FC St. Pauli 2:2 und nicht 1:1 gespielt hat, zahlst du mir eine Kiste Asbach Uralt."

Neben der Durchführung von Potentialanalysen und der Optimierung von Erfassungsanwendungen hält er Vorträge zum Thema „Leistungsdiagnostik im Amateur- und Jugendfußball" bei Trainerkongressen und in Vereinen.

Zusätzlich veröffentlichte er Bücher und E-Books wie:

Erfolgreich Trainieren
Grundsätzliches für (Papa)Trainer und Betreuer

Leistungsdiagnostik im Amateur- und Jugendfußball
Sinnvoll oder nur zusätzliche Belastung

Das FFP-Potentialanalyseverfahren
Inkl. der standardisierten Erfassungssoftware

Die FFP-Challenge
(Eine echte Herausforderung für jeden Fußballspieler)

Vorwort

Der „FC ImmerGut" und seine Spieler stehen für „Spaß".

Für die meisten Anhänger des Fußballsports, seien es Eltern, Spieler, Trainer und Betreuer oder auch Vorstände und Repräsentanten von Vereinen, ist das Thema ALKOHOL und rauchen, so gut wie nicht existent.

Um es noch klarer auszudrücken, ALKOHOL gehört, in vielen unteren Amateurvereinen, quasi zum „Alltagsbetrieb", und ist somit für alle Beteiligten unter dem Oberbegriff „Spaß" mehr als nur legitimiert.

Ohne darüber nachzudenken wird Alkohol verkauft und konsumiert. Welche Folgen die Verhaltensweisen trinkender Zuschauer und Spieler nach sich ziehen, die vor, während und nach den Spielen ihre Flaschen Bier direkt am Platz und im Beisein ihrer Kids, bzw. junger Nachwuchsspieler trinken, in Wahrheit verursachen, ist ihnen egal.

Und wen stört schon die Kiste Bier, die während des Trainings inmitten der Kabine, in der sich auch der Nachwuchs umzieht, oder gar direkt auf dem Platz steht?

Auch kann ein neutraler Beobachter oft sehen, wie gerade ältere Spieler ihre jüngeren Kollegen auffordern, doch noch ein Bierchen zu trinken, obwohl die eigentlich schon genug intus haben.

Dass dabei talentierte Spieler auf der Strecke bleiben und ihre möglichen Karrieren beenden bzw. erst gar nicht starten können, scheint nebensächlich. Hauptsache „Spaß"

Der FC – ImmerGut und seine Spieler stehen für **„Spaß"**

Kapitel 1
Die Vereinsgründung

Ein Tag, irgendwann im Sommer 1933.

„Och man - äh, schon wieder kaputt!", rief Hans und trat voller Wut gegen das, zum x-ten Mal auseinandergerissene Stroh-Knäuel, welches ihnen als „Ball" diente, nachdem er vergeblich versucht hatte in ins Tor zu befördern.

„Das macht überhaupt keinen Spaß. Und die dämlichen Bohnenstangen (Torpfosten) fallen auch immer um. Ich gehe jetzt nach Hause!"

„Och komm!", sagte Willi, der nicht verlieren wollte (konnte). Mal wieder lag sein Team, das waren er, Peter und Heinz, zurück. Und wenn Hans jetzt gehen würde, waren die anderen nur noch zu dritt und hätten bestimmt auch aufgehört.

So oder so ähnlich ging es fast jeden Tag. Mal war es der Ball, mal waren es die Steine auf dem holperigen Boden, mal die umgefallenen Torpfosten oder auch einfach nur die Jauche, die am Strohbündel (Ball) heruntertropfte, weil dieser mal wieder in der Mistgrube gelandet war.

Josef Burfeind, der Vater von Willi, der den Jungs jeden Tag zuschaute weil er mit seinem verlorenen Bein auch nichts anderes tun konnte als zuzuschauen, machte sich immer mehr Gedanken darüber, wie er den Jungs helfen kann, damit sie endlich vernünftig Fußballspielen könnten.

„Na Jupp, sollen wir beiden eingreifen und Willi helfen?", fragte Hinrich (Hinni) Becker, seinen Freund Josef eines Tages, als dieser mal wieder den Jungs beim Fußballspielen zuschaute.

„Würde ich ja gerne. Aber viel wichtiger wäre es, wenn die Jungs endlich einen vernünftigen Ball und einen richtigen Sportplatz mit Toren hätten."

„Ja das wäre nicht schlecht", brummelte Hinni vor sich hin. War er doch auch schon seit einiger Zeit damit beschäftigt, eine Lösung zu finden, um den Jungs zu helfen.

„Ich denke, wenn die am Dorfplatz spielen würden, hätten sie ein wenig mehr Platz."

„Ja schon", erwiderte Josef. „Aber da sind dann die Häuser und dann schießen die uns die Scheiben kaputt."

Für die Beiden war das schon viel ge - bzw. besprochen und so verfiel man erst einmal in intensives Schweigen.

Eine gefühlte Ewigkeit später unterbrach Hinni das intensive Schweigen. „Was hältst du davon, wenn ich denen, und er deutete mit seinem Kinn in Richtung der Fußballspielenden Jungs, meine Wiese hinter dem Friedhof immer dann überlasse, wenn es kein Gras zum Mähen gibt?"

„Ääh", bevor Jupp jedoch antworten konnte, bestätigte Hinni mit einem alles sagenden „Joooh" seine Idee. Das galt für ihn aber gleichzeitig auch als Zusage von Josef.

„Sach den Jungs aber noch nichts. Ich spreche erst einmal mit dem ‚Holzwurm' Erwin ob er uns einen Baum aus seinem Wald für die Tore zur Verfügung stellen kann. Und du sprichst mit dem ‚Holzschneider' Karl und fragst ihn, ob er uns die Pfosten und Latten für die Tore aus den Bäumen schneiden kann."

Es war das Phänomen der frühen Nachkriegsjahre. Alle waren arm, aber das Bisschen was man hatte, teilte man so gut es ging erst einmal unter sich und dann mit den anderen.

So war es auch kein Wunder, dass schon zwei Wochen später die frisch geschnittenen Pfosten und Torlatten auf der Wiese hinter dem Friedhof, zum Einsetzen bereitlagen. Nichts sollte sie nun mehr daran hindern, mit der Herrichtung des Platzes zu beginnen.

Die Aktion war natürlich nicht geheim zu halten. Wie ein Lauffeuer sprach es sich unter allen Dorfbewohnern herum und auch die Kids bekamen Wind davon. Plötzlich entwickelte sich ein reges Treiben. Jeder half mit, so gut es irgendwie ging. Steine wurden von der Wiese gesammelt, Gras gemäht, die Tore eingesetzt und selbst die Eckfahnen, bestehend aus abgesägten Bohnenstangen, wurden mit bunten Fähnchen versehen. Und wie ein Wunder, spendete die knorrige Witwe vom Haus am Ende der Straße, zwei funkel-nagel-neue Bälle, was sie sicherlich ein Vermögen gekostet hatte.

„Jetzt haben wir einen tollen Sportplatz und die Kinder und auch die jungen Bengel können sich richtig austoben", sagte Hinni eines Tages zu Josef Burfeind. „Jetzt wird es Zeit, dass wir auch mal eine Mannschaft bilden und gegen die

„Deichkieker" (das waren die Dörfer, die am Deich lagen und zu denen auch die Kreisstadt gehörte) antreten.

„Joooh!", antwortete Josef knapp. „Ich spreche mal mit den Jungs."

„Hol mal die Jungs zusammen", sagte er zu seinem Sohn Willi, als dieser mal wieder auf dem neuen Platz kickte.

Es dauerte nicht lange und alle anwesenden Spieler hatten sich um Jupp, so nannten sie ihn, versammelt. Schließlich hatte man noch Respekt vor einem Erwachsenen. Auch dann, wenn er nur noch ein Bein hatte.

„Hört mal! Hinni und ich beobachten euch jetzt schon eine ganze Weile und sind der Meinung, dass es endlich Zeit wird, als Mannschaft gegen die „Deichkieker" anzutreten." Und an Peter, den mit 23 Ältesten, gewandt, „was hältst du davon?". Es dauerte eine Weile, bis Peter verstanden hatte, was Jupp ihn da fragte. „Hmmm. (lange Pause) – hmmm – (etwas kürzere Pause), wenn wir Trikots haben und die anderen wollen, dann bekommen wir 11 Mann zusammen." „Joooh", antwortete Jupp. „Dann ist dat man joud!"

Jupp und Hinni hatten beschlossen, die Mannschaft als „FC ImmerGut" nach dem Namen des Dorfes „Immergut" zu benennen. Als besonderes Merkmal sollte das „G" von gut großgeschrieben werden.

Drei Wochen später radelte Hinni die 20 Kilometer nach Oberdeich, um sich mit dem Obstbauern Bröckelmann am Sportplatz zu treffen und mit ihm ein Freundschaftsspiel zu vereinbaren.

Hinni staunte nicht schlecht. Hatten die doch einen ganz glatten Rasen, weiße Tore mit Netzen und eine kleine Hütte am Platz, wo sich Spieler bei Regen umziehen konnten und wo auch Trainingsgeräte (Bälle und Stangen) gelagert wurden.

Die Jungs vom TuS Oberdeich 1910 waren schon voll im Training und der Trainer Karl Bröckelmann, pfiff auf seiner Pfeife und gab lautstark Anweisungen an die Spieler.

Hinni war mächtig beeindruckt. Das sah richtig professionell aus, was die da machten. Dennoch machte sich Unwohlsein bei ihm breit. In seinem Kopf ratterte es. Und er fragte sich; ob das man gut ist? Wir kleine Dorfmannschaft gegen diese Profis?

„Hallo Hinni", begrüßte ihn der Trainer mit der schrillen Pfeife, während seine Jungs zu einem Lauf ums Dorf den Platz verließen. „Hab von euch gehört. Finde ich gut, dass jetzt auch auf dem „Platten Land" Fußball gespielt wird!"

„Klar spielen wir gegen euch. Zuerst bei euch, dann ein zweites Spiel hier in Oberdeich."

Hinni fiel ein Stein vom Herzen. Dass die so freundlich sind, damit hatte er nicht gerechnet. Erleichtert radelte er nach Hause. Die 20 Kilometer vergingen wie im Flug. Zu sehr war er mit Trainingseinheiten, Taktik, Aufstellung etc. beschäftigt, als dass er sich für den Weg interessierte.

Beide Spiele gingen haushoch verloren!

Es folgten noch viele weitere Freundschaftsspiele gegen andere Dorfmannschaften. Am Anfang gingen die meisten verloren. Die Niederlagen fielen jedoch nicht mehr so hoch aus und ab und zu gewann man auch mal ein Spiel.

„Eigentlich sollten wir jetzt mal langsam den Verein anmelden und den Spielbetrieb um Punkte aufnehmen", meinte Jupp eines Tages zu Hinni. „Schließlich haben wir jetzt genug Spieler und du hast ihnen beigebracht wie der Hase, ich meine das Spiel, läuft."

Aus der Anmeldung wurde nichts. 1935 begann die Wehrmacht damit, junge Männer zum Wehrdienst einzuziehen. Darunter auch die Hälfte der Jungs aus Immergut. Es folgte der 2. Weltkrieg und die Nachkriegszeit. Der einst so liebevoll hergerichtete Sportplatz war mittlerweile total heruntergekommen. Die Tore waren zerbrochen und auf dem Platz wuchsen kleine Bäume, Hecken und Sträucher.

Neben Jupp, der aufgrund seines fehlenden Beines, welches er im 1.Weltkrieg verloren hatte und deshalb nicht eingezogen worden war, waren nur noch wenige im Dorf übriggeblieben. Darunter auch Hinni, der vor kurzem aus der Kriegsgefangenschaft aus Frankreich zurückgekommen war.

Kapitel 2
Der Wiederaufbau des FC ImmerGut

„Was meinst du?", fragte Jupp, Hinni eines Tages im Sommer 1949. „Sollen wir nicht mal langsam anfangen, den alten Sportplatz wiederherzurichten und mit den Wenigen aus Immergut und den Nachbardörfern wieder eine Fußball-mannschaft aufbauen?"

Hinni dachte nach. „Joooh, keine schlechte Idee." Womit für einen, aus Norddeutschland stammenden, alles gesagt war.

Noch im gleichen Jahr begann Jupp damit alle, die sich halbwegs bewegen konnten, anzusprechen und irgendwie für die Idee des Neuanfangs zu begeistern. Hinni kümmerte sich ausschließlich um die Herrichtung des verwilderten Sportplatzes.

Zusammen mit dem alten „Holzwurm-Erwin" zimmerten sie nun neue Tore für den Sportplatz und sieben Kreuze, die sie an die angrenzende Friedhofsmauer zum Andenken an die gefallenen Gründungsmitglieder, Willi, Karl und die anderen Jungs aufstellten.

Es wurde ein schöner Rasenplatz. Kerzengerade und mit 110 m Länge und 60 m Breite auch noch der größte in der ganzen Region. Neben den zwei Toren, bei denen ein wenig die Querlatte durchhing, zierten vier gleichmäßig gehobelte Eckstangen, an denen jeweils eine, von Gerda, aus alten Zeltplanen der Wehrmacht, zusammengenähte, grüne Dreiecksfahne baumelte, das Spielfeld. Die Linien hatten sie mit dem Kalk, den sie aus dem deutschen „Flag-Nest" so nannten sie die Stelle, an der die Flag-Abwehr-Einheit stationiert war, und der für die Latrine gedacht war, geholt und abgestreut.

Die Engländer kommen

Der 2. Weltkrieg war zu Ende und die Siegermächte hatten das Land in Besatzungszonen aufgeteilt und an vielen strategischen Orten ihre Truppen stationiert. So auch in einer ehemaligen Kaserne der deutschen Wehrmacht in der Nähe von Immergut.

Es war kein Zufall, dass gerade die Engländer diesen Sektor verwalteten, hatten sie doch während des Krieges hier, Seite an Seite mit den Amerikanern gekämpft und Ort für Ort erobert. Zwangsläufig wurden dabei viele deutsche Soldaten gefangen genommen und nach England oder Amerika in Kriegsgefangenschaft geschickt. Auch im kleinen Dorf Immergut und den umliegenden Ortschaften wurden Gefangene gemacht. Darunter auch Heinz, der 14 Tage vor Kriegsende in englische Gefangenschaft geriet und nach England, besser gesagt nach Wales, deportiert wurde.

In den sechs Jahren seiner Gefangenschaft, hatte Heinz aufgrund seiner Ausbildung als Zimmermann, einen Gefangenenjob bei einer kleinen Zimmerei erhalten und dort schnell Englisch gelernt. Nach seiner Heimkehr aus der Gefangenschaft musste er sich auf der Kommandantur in den „Spey Barracks" bei Colonel Peach melden. John Peach hatte schnell erkannt, dass er mit Heinz einen jungen Mann vor sich hatte, den er aufgrund seiner Englischkenntnisse als Dolmetscher in seiner Kaserne gut gebrauchen konnte.

Schnell sollte sich zeigen, dass sich dieser Job in jeder Hinsicht, nicht nur für Heinz privat, sondern auch für Immergut und besonders für den FC ImmerGut als ein ganz besonderer Glücksfall erweisen sollte.

Die in den „Spey Barracks" stationierten Engländer beschäftigten sich ausschließlich mit sich selbst. War ihnen doch der private Umgang mit den Deutschen und hauptsächlich den deutschen Frauen, strikt untersagt worden. Es kam ihnen deshalb auch gelegen, dass der Kommandeur Colonel Johnson (John) Peach ein richtiger Fußballnarr war, und an Heinz einen Narren gefressen hatte. Und das nicht nur, weil dieser sich ebenfalls für Fußball interessierte, er konnte auch noch gut kicken, was er bei Spielen auf dem Kasernengelände immer wieder eindrucksvoll demonstrierte.

Als Heinz dem Colonel eines Tages erzählte, dass sie in Immergut eine neue Mannschaft aufbauen wollten, war das Eis gebrochen, und Heinz, bzw. der FC ImmerGut erhielt nicht nur neue Bälle „Made in Great Britain", sondern auch noch vier englische Spieler, die der Colonel gerne für den FC ImmerGut freistellte.

Es war aber nicht nur für die vier Engländer eine willkommene Ablenkung vom alltäglichen und oft tristem Kasernenleben, sondern auch für die anderen Soldaten. Schließlich kamen sie so als Zuschauer zum einen aus der Kaserne und zum anderen auch in den Kontakt mit deutschen „Fräuleins".

Aus Heinz wurde „Tommy". Ein Spitzname, der sich schnell über die Dorfgrenzen von Immergut verbreitete. Aber nicht nur sein Spitzname verbreitete sich in den umliegenden Dörfern, sondern auch, dass der FC ImmerGut bestens ausgestattet ist und dass es somit auch die ein oder andere Sonderration an (Zigaretten, Whisky, Schokolade etc.) für Spieler und Betreuer gab. Was wiederum andere Talente aus den Nachbardörfern nach Immergut lockte.

Ein anderer, kaum beachteter aber für den FC ImmerGut und auch die umliegenden Fußballvereine positiver Effekt, waren die „Tommys", die als Zuschauer mit dem FC ImmerGut anreisten und die „German Fräuleins" in Scharen anlockten. Schließlich waren sie für die Frauen nicht nur Exoten, vielmehr brachten sie auch Kaffee, Schokolade, Zigaretten und Seidenstrümpfe mit. Die Jungs aus dem Dorf nahmen das gelassen, schließlich sprang auch hier und da eine Flasche Whisky oder eine Stange Zigaretten für sie dabei heraus.

Dieses Phänomen gab es so - weit und breit - kein zweites Mal.

Aber neben diesem Alleinstellungsmerkmal entstand auch noch die erste und einmalige Konstellation eines Spieler-trainers. Der „Kommandeur", so nannten sie Colonel John Peach, spielte nicht nur selbst mit, sondern trainierte zusammen mit Hinni und Heinz (Tommy), den mittlerweile auf über zwanzig Spieler angewachsenen Kader des FC ImmerGut.

Der „Kommandeur" hatte zusammen mit Hinni und Heinz, ein, für damalige Verhältnisse, fast perfektes Trainings-programm erstellt. An erster Stelle stand Disziplin und Ausdauer. An zweiter Stelle Kopfball und das englische „kick and rush".

Das Beste jedoch war die ungeheure Begeisterung, die der Colonel bei den deutschen Spielern entfachte. Mit Leidenschaft und großer Disziplin waren sie bei der Sache

und es bedurfte keinerlei Druck oder irgendwelcher Über-
redungskünste sich anzustrengen.

Schließlich wollte jeder möglichst weit „oben" in der Gunst
des Colonels stehen.

Kapitel 3
Der perfekte Start

Es war im Frühjahr 1950. Jupp hatte zwischenzeitlich beim Fußballverband den **FC ImmerGut** zum Spielbetrieb angemeldet. Auch die ersten Testspiele gegen Ober- und Unterdeich wurden haushoch gewonnen.

Mittlerweile war auch mit Jupp als 1. Präsident, Erich als sein Stellvertreter und Hinni als Kassenwart, der vom Verband geforderte Vorstand gewählt worden. Offizieller Trainer wurde der „Kommandeur" Colonel Johnson Peach.

„In acht Wochen geht es los", warf Erich in die Runde, als sie eine erste, außerordentliche Versammlung einberufen hatten. „Haben wir wirklich alles oder haben wir noch etwas vergessen?"

Jupp zählte auf. „Also, wir haben zwei komplette Trikotsätze. Einen in Grün und Weiß und einen in komplett grün. Wir haben zwölf funkel-nagel-neue Bälle, - dank John - und er nickte dankbar in Richtung des Colonels und wir haben ebenfalls 20 perfekt ausgebildete Spieler."

„Thats right", bestätigte der Colonel.

„OK! Und was fehlt noch?"

„Ein Vereinsheim – oder wenigstens ein Geräteschuppen, wo wir den Streukarren, die Eckfahnen, die Tornetze und Bälle unterbringen können", bemerkte Erich etwas schüchtern. Schließlich wusste er doch zu genau, dass das eine Menge Geld kosten würde.

„Haben wir denn überhaupt so viel Geld?", fragte Jupp in Richtung Hinni, dem neugewählten Kassenwart.

„Wir haben genau 357,50 Mark in der Kasse, das reicht bei weitem nicht für einen Geräteschuppen, geschweige denn für ein Vereinsheim."

Für einen Moment herrschte bedröppeltes Schweigen. Es schien alles gesagt zu sein. Bis sich John verhalten räusperte.

Wie auf Kommando schauten die anderen ihn an. Sollte da etwa noch etwas kommen?

„Nun Gentleman, ik habe so ein Idea." John machte eine kurze Pause. „The Baumann - und damit meinte er den ortsansässigen Bauunternehmer Dickerich, wird das macken." Wieder herrschte für eine Weile intensives Schweigen. An ihren Stirnen konnte man förmlich sehen, wie angestrengt sie nachdachten.

„Und wie soll das gehen?", fragte Hinni.

„Las mik mal macken", antwortete John in gebrochenem Deutsch.

Zwei Wochen später begannen die Mitarbeiter von Herrn Dickerich damit, ein Fundament von 20 m x 10 m auszuschachten und mit Beton zu füllen. Kaum war die Bodenplatte trocken, begann man mit dem Aufbau eines Vereinshauses mit zwei Räumen. Einer für die Geräte und einer als Mannschaftsraum. Das Dach zimmerte „Holzwurm" Erwin und gegen den Regen schützte eine große Zeltplane aus den Beständen der britischen Armee.

John hatte nie verraten, wie er das hinbekommen hatte. Es ging das Gerücht um, dass in der Kaserne große Umbaumaßnahmen stattfanden und einer der Beauftragten der Bauunternehmer Dickerich sei und dass dieser einen Deal mit dem Colonel ausgehandelt hatte. Dickerich spendete dem Verein zusätzlich 1.000 Mark für die Vereinskasse.

Alle waren mächtig stolz auf den FC ImmerGut und jeder im Dorf wollte sich irgendwie für den Verein nützlich machen. Es mangelte an nichts.

Die erste Saison 1950/51

Alle im Verein waren irgendwie aufgeregt und fieberten dem ersten Spiel in der untersten Kreisklasse entgegen.

„Am Sonntag geht's los. Wir fahren um 11:00 Uhr ab hier mit dem Mannschaftstransporter der Engländer, aus Johns Kaserne von hier nach Unterdorf und spielen dort gegen die Jungs von der TuS Unterdorf", sagte Jupp in seiner Ansprache nach dem Abschlusstraining. „Hat noch jemand eine Frage?" Keiner hatte mehr eine Frage.

Es war ein wunderschöner Sonntagmorgen und direkt nach der Sonntagsmesse (10:00 Uhr) trafen sich alle 20 Spieler am Vereinsheim und das halbe Dorf stand um die Spieler herum. Jeder gab gute Ratschläge, wie der ein oder andere Spieler sich zu verhalten hätte. „Man bin ich froh, wenn endlich der Bus kommt und wir hier wegkommen", sagte Werner zu Heinz dem Mittelstürmer. Pünktlich um 11:00 Uhr fuhr der Bus mit dem Colonel und den vier anderen englischen Spielern auf den Platz vor dem neuen Vereinsheim vor. Wir ziehen uns hier um und neben den Spielern, fährt der Vorstand und die anderen Vereinsaktiven mit dem Bus. Alle anderen können auf dem LKW von Dickerich oder auf den Trecker von Hinni mitfahren.

Für den neutralen Betrachter muss es wohl ausgesehen haben, als würde eine illustre Karnevalsgesellschaft zu einem Umzug aufbrechen. Vorneweg der Sanitätsbus in britischem Militär-grün und mit dem roten Kreuz auf weißem Untergrund, Standarten an den Kotflügeln und voll mit Spielern und Betreuern. Dann der LKW von Dickerich mit fast 30, überwiegend Männern, (Fans) vollbesetzter Ladefläche. Und dahinter Hinni mit seinem funkel-nagel-neuen Eicher-Trecker und ca. 20 Personen (Frauen und Kinder) auf seinem Hänger. Obwohl die Strecke nur 10 km lang war, dauerte die Fahrt fast eine halbe Stunde. In Unterdorf war gerade die Messe zu Ende und die Leute strömten aus der Kirche, als der Tross aus Immergut an ihnen vorbei in Richtung Sport-platz fuhr.

„Was ist das denn für ein Trupp?", fragte einer der Kirch-gänger seinen Nachbarn mit erstauntem Gesicht.

„Ich glaube, die sind aus Immergut. Heute ist doch Saisoner-öffnung und die spielen um 13:00 Uhr gegen unsere Jungs."

Endlich hatte man den Sportplatz in Unterdorf erreicht. Die Spieler verließen aufgeregt den Bus und liefen sofort auf den Fußballplatz, um mit den Bällen aufs Tor von Alfred zu bolzen. Es war 12:30 Uhr, als der Kommandeur (John) seine Männer zusammentrommelte, um seine letzte Ansprache vor dem Spiel zu halten.

„So Männers", begann er. „Wir haben heute unser erstes Spiel. Wir sind gut trainiert und wir wollen das Spiel gewinnen." „Ja, das wollen wir", grölten seine Spieler wie aus einer Kehle. „OK! - Aber was auch passiert. Take it easy. Ik bin bei euch.

John wusste, wie nervös seine Jungs waren. Er wusste auch, dass sie noch keinerlei Erfahrung mit „richtigen" Gegnern gemacht hatten und dass das Ganze schnell zu einer fürchterlichen Niederlage führen konnte.

Heinz platzte fast vor Stolz. Er, in diesem grünen Trikot mit dem Logo des FC ImmerGut auf der Brust, er durfte den Anstoß ausführen, und das halbe Dorf würde auf ihn, genau auf ihn, schauen.

Alles fing gut an. Unterdorf schien überrascht ob der Spielschnelligkeit von ImmerGut zu sein und es dauerte eine ganze Weile, bis sie sich gefunden hatten. Doch dann spielten sie ihre Routine aus. Hinten wurde getreten und vorne gehalten und am Trikot gezogen was das Zeug hielt. Als dann Herbert, ihr Mittelstürmer, sich im Strafraum theatralisch fallen ließ und der Schiedsrichter auf den Elfmeterpunkt zeigte, kippte das Spiel und die Unterdörfer kauften den ImmerGut(ern) den Schneid ab. Zur Halbzeit stand es 4:0 für Unterdorf. Die ImmerGut(er) Spieler waren froh, dass endlich Halbzeit war.

„Was ist mit euch los?", fragte Jupp in die Runde der bedröppelt dreinschauenden Spieler.

„Man – ihr müsst", wollte Jupp lospoltern, als ihm John mit einem Blick zu verstehen gab, dass er jetzt besser ruhig sei.

„Ihr habst gesehen, dass we besser sind. Die are nur abgebruhter sind und kennen die Schiri. Aber - er holte tief Luft. Wir konnen die Spiel nok gewinnen. They are platt. Und wenn ihr Gays das Angst ablegen und snell nak vorne spielen, dann wir die besiegen. Makt die Spiele breit und schießt mit allen die Rohren."

Die Sensation

Was dann geschah, ging in die Geschichte des Vereins ein.

„Sensationelle ImmerGut(er) fegten Unterdorf mit 10:4 vom Platz!", lautete am nächsten Tag die Schlagzeile auf der Immerguter Seite im Kreisblatt.

John, ihr Trainer, hatte recht behalten. Als sie das Spiel schnell und breit machten, kamen die Unterdörfer nicht mehr mit und gerieten völlig aus dem Konzept. Selbst Faulspielen konnten sie nicht mehr, da sie immer viel zu weit vom Gegner entfernt standen. So fiel ein Tor nach dem anderen. Beste Torschützen bei ImmerGut waren Heinz und Werner mit je vier Treffern. Alfred, ihr Torwart, verwandelte noch einen Foulelfmeter, und das Eigentor der Unterdörfer war nur noch Zugabe. Das nächste Spiel fand dann auf dem neuen Sportplatz in Immergut statt. Der grandiose Sieg der Jungs gegen Unterdorf hatte sich wie ein Lauffeuer herumge-sprochen und nun wollten alle aus dem Dorf die neue Mannschaft sehen. Zudem hatte Karl Stapelfeld, der Wirt des Vereinslokals angekündigt, bei einem Sieg die Mannschaft zum Essen einzuladen.

„Sag mal, was ist denn hier los?", fragte Hinni Jupp am nächsten Sonntag, als er den Platz betrat und die wohl weit über hundert Zuschauer sah. Dabei konnte er sich ein zufriedenes Lächeln nicht verkneifen.

„Wieviel das wohl wirklich sind?"

„Weiß nicht", antwortete Jupp. „Ich werde aber Detlef rumschicken, dass er die Leute zählt."

Und wie es der Zufall wollte, war dieses erste Heimspiel auch gleich ein Derby gegen die Jungs aus Düdendorf, die ihr erstes Spiel ebenfalls hoch gewonnen hatten und deshalb auch gleich ihr „halbes" Dorf mitgebracht hatten. Wie sich später herausstellte, waren knapp über 200 Zuschauer am Platz.

Dass es so einfach für den FC ImmerGut war mit 3:0 zu gewinnen lag daran, dass sie den Düdendorfern von Anfang an keine Chance ließen und mit ihrem schnellen „kick and rush" die Abwehr des Gegners ein ums andere Mal überliefen. Dass das Spiel nur 3:0 ausgegangen war, lag einzig und alleine an der überragenden Leistung des gegnerischen Torwartes.

Es war wie im Märchen! In der Hinrunde wurde jedes Spiel gewonnen und die Begeisterung bei den Spielern und den Zuschauern kannte keine Grenzen. Werner und Heinz waren die Stars des Teams und schossen allein in der Hinrunde in nur acht Spielen 40 Tore. Der Aufstieg war beschlossene Sache.

Dass es jedoch anders kommen sollte, lag daran, dass sich die Gegner besser auf den FC ImmerGut einstellten und dass die harte Gangart einiger Gegenspieler dazu führte, dass der ein oder andere aus dem Team Blessuren davontrug, bzw. Respekt vor den Gegnern und deren Zuschauern entwickelte. So gingen in der Rückrunde überraschender Weise, einige Spiele verloren und letztendlich auch der erste Tabellenplatz.

Eine allgemeine Ratlosigkeit breitete sich im Team aus. Auch Hinni und Jupp wussten keinen Rat. Nur John, der Kommandeur erkannte die Ursache des allgemeinen Dilemmas im Team.

„Wenn wir - und ik meine nikt das only Team, sondern uns all, jetzt nikt dagegenhalten, dann werden wir auch nächste Jahr nikt aufsteigen", sagte John eines Tages in der Stammkneipe zu Hinni.

„Was willst du tun?"

„Ik - äh - wir mussen den Boys beibringen dagegen zu halten, ohne dass sie sich mit dem Gegner fighten oder den Schiri beleidigen."

„Verstehe ich nicht", sagte Hinni.

„Also - sie haben in die Rückrunde nigt mehr gespielt, sondern gecatcht. Ik meine geknüppelt und das könnten die andere besser. Und deshalb haben sie auch Aengst bekommen und die Spiele verloren."

„Jooh". Hinni runzelte angestrengt die Stirn und es dauerte eine ganze Weile, bis er fragte „Und was willst du dagegen machen?"

„Nun – ik muss die Boys das in die Köpfe bringen, dass sie die Ball laufen lassen und also die Gegner auch und das bis zu die Ende des Spiels."

Es war ein hartes Stück Arbeit. John hatte Heinz, den Mittelstürmer und eigentlichen Leitwolf der Truppe, von seinem Plan erzählt und ihn, ohne dass Heinz es bemerkte, zum internen Befürworter gegenüber den gleichaltrigen Jungs gemacht. Die meiste Zeit bei den Trainingseinheiten verbrachten sie damit, dass ein - zwei Spieler Gegner imitierten und diese die eigenen Spieler anpöbelten, so wie es die meisten der Gegner praktizierten und auch nach allem traten, was ihnen in die Quere kam. Nach und nach legten die Jungs die Angst vor dem Gegner ab und ließen sich auch nicht mehr provozieren, sich in unfaire Zweikämpfe einzulassen. Vielmehr spielten sie fast kontaktlos, ähnlich einem Boxer, der seinem Gegner scheinbar davonlief und genau in dem Augenblick zuschlug, wenn der andere meinte, er hätte es mit einem Feigling (Schwächling) zu tun. Es war der große Vorteil des FC ImmerGut, dass er sich zu diesem frühen Zeitpunkt mit der Aufarbeitung seiner Schwächen beschäftigte und dass John absolut neue Dinge einführte und diese auch umgesetzt wurden.

Der Aufstieg

Deutschland war gerade Weltmeister geworden und die Begeisterung für den Fußball hatte auch in Immergut nicht Halt gemacht. Es sollte der Beginn einer unglaublichen Aufstiegsserie werden. Während man in den anderen Vereinen schön brav die bekannten Trainingseinheiten und auch Methoden absolvierte, optimierte man beim FC ImmerGut akribisch die Dinge, die Defizite, bzw. Vorteile von Spielern und Mannschaft erkennen ließen. So führte John ein völlig neues Konditions-Verbesserungskonzept ein. Während in den meisten Vereinen zur Konditionsgewinnung stoisch x Runden um den Platz oder das Dorf gelaufen wurden, überredete John, David, einen seiner härtesten Militärausbilder, die Jungs vom FC ImmerGut entsprechend zu drillen. John hatte schon lange erkannt, dass die meisten Gegner so gut wie keine Kondition hatten und meistens in der zweiten Halbzeit zusammenbrachen. Ganz nach seiner Art, hatte er zusammen mit David die Jungs angesprochen und ihnen erklärt, dass sie nur über diesen Weg den Aufstieg schaffen würden. Dazu müsste sich aber jeder von David quälen lassen.

„Ich quäle keinen! Vieleigt nur ein bisschen!", hatte David in fast perfektem Deutsch den Jungs mit einem breiten Grinsen im Gesicht erklärt. „Makt es so gut ihr könnet und ihr werden sehen, wie easy laufen ist und wie nice es ist, wenn ihr merkt, dass die Gegenspieler schlapp makt und nicht mehr mit dir kommt."

Dass es kein Kinderspiel mit David werden würde, war den Jungs vom FC ImmerGut bewusst. Dass es jedoch so anstrengend wurde, ließ den ein oder anderen mit dem Gedanken spielen, mit dem Fußballspielen aufzuhören oder zum Nachbarverein zu wechseln.

Aber keiner der Jungs hörte auf, geschweige denn er wechselte zum Rivalen. Der Grund lag auf der Hand. Schon in den ersten Spielen der neuen Spielzeit war klar, dass ein Wechsel nur ein persönlicher Abstieg gewesen wäre. Zu groß war der Unterschied zwischen dem FC ImmerGut und den anderen Klassengegnern. Der FC ImmerGut marschierte ohne Niederlage und mit nur einem Gegentreffer von Sieg zu Sieg und wurde mit weitem Abstand Meister in der untersten Kreisklasse. Der Aufstieg war perfekt und wurde von allen ausgiebig gefeiert.

In den folgenden Jahren marschierte der FC ImmerGut von Sieg zu Sieg und von Meisterschaft zu Meisterschaft.

Mittlerweile wollten immer mehr gute Spieler aus anderen Vereinen in Immergut spielen, war doch der spielerische Erfolg vorprogrammiert und das Ansehen des Dorfvereins erheblich gewachsen.

„Wir haben jetzt über 20 Spieler und eine Menge anderer, die gerne bei uns spielen wollen. Zudem bolzen immer mehr Kinder auf dem Platz. Ich glaube, es wird Zeit, dass wir eine zweite Mannschaft und zwei Jugendmannschaften melden.", sagte Jupp irgendwann im Herbst 1954 zu Hinni. Hinni hatte ihm kurz vorher den Kassenbericht, der einen stolzen Betrag von 3.568 DM auswies, vorgelegt.

„Also, finanziell können wir uns das leisten", erwiderte Hinni und fügte hinzu. „Wir müssen sogar weitere Mannschaften anmelden. Schließlich haben wir so viele Sponsoren und Gönner, dass wir nicht nur die beabsichtigten Umkleidekabinen bauen, sondern auch noch Strom- und Wasseranschluss legen lassen können. Und damit die ausgelastet sind und wir so zum größten Verein in der ganzen Umgebung werden können, sollten wir das machen."

Ein „Jooh" reichte, um das Ganze als beschlossene Sache anzusehen. Die anderen Vorstandsmitglieder wurden erst gar nicht gefragt. Der Beschluss stand.

Im Frühjahr 1955 wurde mit dem Um- und Ausbau des Vereinsheims angefangen. Mit der sogenannten „Harri-Elf" wurde eine zweite Mannschaft gemeldet. Harri-Elf deshalb, weil Harald (Harri) aus gesundheitlichen Gründen nicht mehr in der 1. Mannschaft spielen konnte und so das Training und die sportliche Leitung der 2. Mannschaft übernommen hatte. Gleichzeitig wurden drei weitere Spieler gefunden, die noch nebenbei eine C, B und A-Jugend trainierten und zum Spielbetrieb anmeldeten.

Die Engländer gehen

Es war ein Dienstagabend im Spätsommer 1955, als John der Colonel und Trainer, Hinni, Jupp und den gesamten Vorstand des FC ImmerGut zusammengetrommelt hatte.

„Oh! Was ist denn hier los?", fragte Jupp, der an seiner Krücke das Vereinshaus betrat, mit Blick auf die zwei Kisten Bier, die auf dem Tisch standen, in die Runde.

„Keine Ahnung", erwiderte Hinni. „Die sind vom Colonel!"

„Hat der Geburtstag?"

„Nein"

„Was denn?"

Hinni hob fragend die Schultern.

Alle saßen um den großen Tisch und rätselten, was das wohl zu bedeuten hat, als die Tür geöffnet wurde und John eintrat. Ihm folgten nacheinander David der Konditionstrainer und die vier aktiven englischen Spieler des FC ImmerGut.

„Guten Abend – meine Herren", sagte John. Und ohne eine Pause fügte er hinzu; „In vier Wocken sagen wir euch good bye."

Wen auch immer man in der Runde anschaute, man blickte nur in erstaunte Gesichter. Sie hatten mit allem gerechnet, doch damit nicht.

John machte eine kurze Pause. „Die britisch Army makt viele Kasernen zu. Auch die from „Spey Barracks". Dat mins, wir gehen alle zurück nach unsere Heimat. Sorry - but wir können nix tun. Nächste Wocke geben wir unsere „bye bye" für die ganze Mannschaft."

Es schlug ein wie eine Bombe. In den kommenden Tagen war es das Hauptthema in Immergut und auch den anderen Dörfern. Während man sich in Oberdorf, Unterdorf und den anderen umliegenden Orten die Hände rieb, hatte man doch schnell erkannt, was das für den FC ImmerGut bedeuten würde, grübelten Jupp und Hinni darüber nach, wie es mit der ersten Mannschaft und dem Verein weitergehen sollte.

John war so gut wie nicht mehr erreichbar. Zu sehr war er mit den Abzugsvorbereitungen seiner Truppen beschäftigt.

Es wurde eine tränenreiche Abschiedsfeier. Neben der kompletten Mannschaft und dem Vorstand, war auch das halbe Dorf erschienen, um John und den Jungs „Tschüss" zu sagen.

Es folgten Wochen und Monate heftiger Diskussionen und Beratungen darüber, wie es in der kommenden Saison denn weitergehen sollte. Letztendlich wurde Heinz zum neuen Spielertrainer und Peter, ein ehemaliger Ausbilder bei der Wehrmacht, zum Konditionstrainer ernannt.

Die Positionen der weggegangenen Briten übernahmen einige Reservespieler und Paul, der aus Oberdick nach Immergut umgezogen war.

Der sportliche Abstieg

Die Saison 56/57 konnte geradeso mit dem Klassenerhalt abgeschlossen werden. Im darauffolgenden Jahr jedoch begann das sportliche Desaster für den FC ImmerGut.

Heinz war beruflich sehr eingespannt, hatte er doch bei der Bahn einen Job als Zugbegleiter erhalten und konnte nur bei jedem zweiten Training anwesend sein. Seinen Co-Trainer Uwe akzeptierten die Jungs nicht wirklich. Schlimmer noch war das Verhältnis zwischen Peter, dem Konditionstrainer (Schleifer-Pitter), so nannten sie ihn schon nach wenigen Tagen und dem größten Teil der Mannschaft. Obwohl seine Trainingsmethoden sich kaum von denen eines Davids unterschieden, stimmte einfach der Ton und letztendlich die Chemie nicht.

Von Spiel zu Spiel zeigte sich immer mehr, dass die fünf Engländer durch die Ersatzspieler einfach nicht ersetzt werden konnten.

Obwohl man jedes Jahr Durchhalteparolen ausgab, stieg die Mannschaft fast jede Saison ab. Es endete unwillkürlich in der untersten Kreisklasse. Lediglich der Spielbetrieb der Jugendmannschaften konnte einigermaßen reibungslos aufrechterhalten werden.

Auch John Peach, der Colonel, der fast jedes Jahr mit seiner Familie den Urlaub in Immergut verbrachte, hatte keine Lösung für das Problem.

Ik kann euch nigt helfen! Ihr musst ganz neu anfangen, sonst werdet ihr immer in die unterste Klasse bleiben, hatte er jedes Mal Schulterzuckend gesagt

rien ne va plus

Aus dem einst so erfolgreichen Verein war bis auf eine unmotivierte Kicker Truppe nicht mehr viel übriggeblieben.

Auch die Harri-Elf hatte sich aufgelöst. Erschwerend kam noch hinzu, dass der, von Ludwig Erhardt, dem deutschen Wirtschaftsminister eingeleitete Wirtschaftsumschwung langsam seine Auswirkungen zeigte und zum Durchbruch, dem sogenannten „Wirtschaftswunders" führte. Viele junge Menschen zog es in die Großstädte und zu den Fabriken um dort einen Job mit gutem Gehalt zu finden und sich so ein besseres Leben zu gestalten. Darunter auch einige Spieler aus Immergut.

Jupp und Hinni taten alles, um den Verein am Leben zu halten. So sehr sie sich auch anstrengten, außer einem Aufstieg dümpelte der Verein in der vorletzten Kreisklasse und spielte fast nur noch gegen die meist „zweiten" Mannschaften anderer Orte.

Obwohl auch andere Vereine unter dem Weggang vieler Spieler litten, machte sich dennoch Spott und Häme breit. War doch der sportliche Abstieg des FC ImmerGut eine willkommene Ablenkung von der eigenen Misere.

Alles schien gegen den FC ImmerGut zu laufen, bis zu dem Tag, als Alfred (Ali) Stapelfeld die Gaststätte seines Vaters und auch den Traditionsverein, „FC ImmerGut" übernahm.

Kapitel 4
Die glorreiche Zeit

Alles in Immergut und speziell beim FC ImmerGut war in den letzten Jahren irgendwie im Dornröschenschlaf versunken. Die Einwohnerzahl des Dorfes sank durch die Abwanderung kontinuierlich und die Fußballbegeisterung hielt sich im Rahmen. Bis zu dem Tag, als Alfred (Ali) Stapelfeld zum Bürgermeister gewählt wurde. Die 1960er neigten sich dem Ende entgegen. Immergut erlebte seit ein paar Jahren einen ungeheuren Zulauf an Touristen aus den nahen Großstädten. Das lag vor allem an Dietmar, einem jungen Spieler aus dem Nachbardorf Dietmar war 1965 mit gerade mal 20 Jahren aus seinem kleinen Dorf Blechhusen in die Großstadt gezogen, um dort bei einem Chemiegiganten zu arbeiten. Dietmar war ein absolut hilfsbereiter und freundlicher junger Mann, der auch noch verdammt gut Fußballspielen konnte. Schnell war er dort genauso beliebt wie bei seinen Kumpels vom FC ImmerGut. An den arbeitsfreien Wochenenden fuhr er immer in seinem klapprigen VW-Käfer und später im Ford 12M aus der Großstadt nach Blechhusen zu seinen Eltern. Aber das wichtigste Ziel war der FC ImmerGut. Schließlich konnte er in Immergut nicht nur Fußball spielen, sondern auch noch kräftig feiern. Immergut war im Gegensatz zu Blechhusen ein fort-schrittliches Dorf und das hatten sie letztendlich Dietmar und Ali zu verdanken. Ali hatte den kleinen Gasthof seines Vaters übernommen und modernisiert. Dietmar, der an jedem Wochenende seine Freunde und Arbeitskollegen mit ins Dorf brachte, bereicherte nicht nur den FC ImmerGut, sondern brachte Ali auch auf den Plan, seinen Gasthof um einige Fremdenzimmer zu erweitern. Wo auch erst einmal die Spieler aus der Großstadt wohnten, wenn sie am Wochenende mit Dietmar ins Dorf kamen. Es war wie ein Goldrausch für Immergut. Nicht nur Ali erweitere seinen Gasthof um ein Restaurant und einen großen Ballsaal und nannte sich „Hotel zum Postillion", sondern andere aus dem Dorf bauten ihre Häuser um und boten Fremdenzimmer an. Auch ein Bauunternehmer aus dem Nachbardorf baute ebenfalls ein Hotel mit über zwanzig Zimmern, einer Sauna und einem Swimmingpool. Obwohl Immergut so gut wie nichts an kulturellem und Sehenswerten zu bieten hatte, zog es die Städter in Scharen hierher. Schließlich hatten die Immerguter „Gastgeber" doch schnell erkannt, dass Geselligkeit und Freundlichkeit ihnen die Taschen schnell und relativ einfach füllten. Immer mehr Menschen kauften sich Grundstücke und errichteten darauf sogenannte „Wochenendhäuser".

Ali hatte früh erkannt, dass sich mit dem FC ImmerGut auch gutes Geld für seinen Betrieb verdienen ließ. So wurde der „Postillion" das Stammlokal des FC ImmerGut und im großen Saal feierte jeder seine Geburtstage, Hochzeiten, Taufen und auch Beerdigungen. So auch die von Jupp (Josef Burmester), der in den letzten Jahren immer schwächer wurde und im März 1969 mit gerade mal 69 Jahren an Durchblutungsstörungen gestorben war.

Der Vorstand vom FC ImmerGut und auch der Gemeinde- und Kirchenrat beschlossen auf Vorschlag von Ali, für Jupp und die anderen im Krieg verschollenen, eine Spieler-Gedenktafel mit Namen an der Friedhofsmauer aufzustellen.

Durch Dietmar kam auch 1970 Manni zum FC ImmerGut. Manni spielte zu dem Zeitpunkt in der zweiten Mannschaft eines ehemaligen Bundesligisten und aktuellem Aufstiegs-aspiranten. Da er aber nur zweite Wahl war, verdiente sich Manni zusätzlich viel Geld in der, zu diesem Zeitpunkt entstehenden Thekenliga. Die Thekenliga war ein quasi Auffangbecken für alle Voll- und Halbprofis und Fußballer, die gerne feierten und Siege einfuhren, ohne dass sie sich im Training eines Vereins herum quälen mussten.

In den meisten Städten und besonders den Großstädten entwickelte sich schnell eine parallele „Fußballwelt". Wirte und Sponsoren eiferten um die Vorherrschaft und zahlten oft hohe Summen an richtig gute Spieler, auch wenn diese, wie auch Manni, nur zum Fußballspielen kamen und ihm nicht die Kneipenkasse füllten. Das machten dann die anderen, die zweitklassigen Spieler und deren Freunde und Freundinnen.

Parallel zu den Thekenmannschaften bildeten sich Betriebs-mannschaften und jede Gruppe spielte ihren „Stadtmeister" aus.

Manni und die Städter kommen nach Immergut

Dietmar nahm Manni mit nach Immergut und stellte ihn Ali vor.

„Hi Ali! Das ist Manni. Manni ist ein echter Profi und würde gerne für uns spielen." Ali schaute Manni taxierend von oben bis unten, wobei das aufgrund der geschätzten 1,65, nicht schwer viel, an. Profi- dachte er. Der Zwerg! Manni schaute zu dem schlaksigen Ali mit seinen geschätzten 1,90 m auf und ohne große Umschweife sagte er in Richtung Ali „Kost

und Logis frei und dazu noch 250,- DM bar auf die Hand –
ich meine pro Spiel."

Ali verschlug es für einen Moment die Sprache. Hatte er doch
bis dato einige der ‚Städter' und ihrer „Spinnereien"
kennengelernt, so war das doch die absolute Krönung.
Dieser Zwerg. Aber er wäre nicht Ali gewesen, wenn er nicht
dieses Gespür für das „Besondere", dass „Wichtige" gehabt
hätte. Ohne lange zu überlegen, woher sie das Geld nehmen
sollten, antwortete er mit einem knappen „OK! Aber nur wenn
ich dich einmal habe spielen sehen." Er reichte Manni die
Hand, schaute Dietmar an und verschwand hinter der Theke.

Schon am nächsten Tag sollte Manni sein erstes Spiel in
einem eigens, von Ali angesetzten Spiel zwischen der 1.
Mannschaft und der neu aktivierten „Harri-Elf", machen.

„Was macht ihr den hier?", fragte Manni, Roland und Horst,
als er den Platz betrat. „Hi Manni!" Begrüßten ihn die beiden
mit einem festen Handschlag. Und Horst fügte hinzu, „hat
dich Dietmar also auch nach Immergut gelockt?"

„Sieht so aus," sagte Manni.

„Wir spielen schon die zweite Saison hier und stehen kurz
vor dem Aufstieg. Und heute sollen wir gegen die Zweite, die
‚Harri-Elf' ein Testspiel machen", sagte Roland. „Und du
spielst für die „Zweite? Was soll das denn?", fügte er fragend
hinzu.

„Keine Ahnung. Ali will wohl sehen, was ich drauf habe."

„Oh Gott – sei bitte Gnädig mit mir!", sagte Roland mit einem
Lächeln in Richtung Manni. Hatte er doch die 6 Tore, die ihm
Manni vor ein paar Wochen in einem Punktspiel zwischen
seiner Thekenmannschaft dem ‚Fässchen' und Manni's
‚Zwitscherstube' eingeschenkt hatte, noch gut in Erinnerung.

Es hatte sich wie ein Lauffeuer herumgesprochen, dass
Dietmar einen ganz besonderen Spieler mitgebracht hatte

und das dieser am Nachmittag in einem Spiel der 2. gegen die 1. zeigen sollte, was er drauf hat.

„Hier sind deine 250,- DM", sagte Al und gab Manni das Geld in einem Hinterzimmer der Gaststube. „Somit ist unser Deal perfekt. Du spielst jeden Sonntag für die Erste und alles andere wie besprochen. Aber – kein Wort zu niemandem. Sonst kommt schnell Neid auf." Manni nickte, steckte das Geld weg und beide verließen das Hinterzimmer.

„Freibier für Alle!", rief Ali in die Runde. Dabei verkniff er sich ein breites Grinsen, wusste er doch zu genau, dass er mit Manni den Clou seines Lebens gemacht hatte.

Das die Erste mit 7:3 gegen die zusammengewürfelte Zweite verloren hatte, lag daran, dass Manni alle sieben Tore im quasi Alleingang geschossen hatte. Ich dachte immer, ich wäre ein guter Torwart mit einer guten Abwehr. Dass du mir aber gleich sieben eingeschenkt hast, werde ich dir so schnell nicht vergessen – sagte Roland in Richtung Manni und hielt ihm sein volles Glas Bier zum Anstoßen entgegen. Dass es eine lange Nacht wurde und dass die „Städter" am nächsten Morgen mit noch reichlich Alkohol im Blut die Heimreise antraten, war normal und keiner machte sich darüber Gedanken.

„Man Ali! Wie sollen wir das bloß finanzieren?", fragte Hinni Ali in Bezug auf die 250,- DM wöchentlich, die sie an Manni bezahlen sollten. „Das sind im Monat glatte tausend Mark!"

„Beruhige dich. Ich werde die Unterkunft, die Verpflegung – übrigens für alle Städter, und 50,- DM aus meiner Tasche zahlen. 100,- DM steuert Werner mit seinem Busbetrieb, und 100,- DM Heinz mit seinem Sportgeschäft bei. Du musst nur noch die Gelder einkassieren." Und mit einem Augenzwinkern fügte er noch kurz und unmissverständlich „schwarz" hinzu. „Dan löpt dat."

In einer geheimen Vorstandsitzung wurde beschlossen, den Verein komplett umzukrempeln und eine gezielte Trainingsarbeit aufzubauen. Ziel war es, mindestens jede zweite Saison ein Aufstieg hinzulegen. Des Weiteren, durch den Aufbau eines Jugendspielbetriebes dafür zu sorgen, dass genügend Nachwuchs vorhanden ist und dass man weit und breit der Verein mit dem besten Ruf wird. Manni sollte der geheime Obertrainer werden und allen anderen, auch Walter dem nominellen Cheftrainer, sowie Harri zeigen, wie professionelles Training richtig geht.

„Was machen wir mit den Städtern? Die sind ja bei keinem Training dabei", fragte Bernd in die Runde.

„Das ist kein Problem. Solange Dietmar weitere gute Spieler anschleppt, brauchen diese auch nicht zu trainieren. Das normale Training, für die Jungs von hier, absolvieren dann die Spieler der Ersten und Zweiten zusammen."

Es war eine fantastische Konstellation. Manni und auch Ali waren sogenannte „Edeltechniker" und organisierten das Mittelfeld. Mit Roland hatten sie einen exzellenten Torwart und mit Dietmar und Horst auch zwei richtig gute Stürmer. Es war ebenfalls eine wahre Freude den Jungs vom FC ImmerGut beim Fußballspielen zuzuschauen. Obwohl sie eine richtige Söldnertruppe, so bezeichnete Hinni seine Jungs, waren, eilte die Mannschaft von Sieg zu Sieg. Es lag wahrscheinlich auch daran, dass die Immerguter erkannt hatten, dass die „Fremden" aus der Stadt nicht nur dem Verein, sondern auch dem ganzen Dorf guttaten. Während man in den umliegenden Vereinen ausschließlich auf einheimische Spieler und feste, eingefahrene Strukturen setzte, war man beim FC ImmerGut im Laufe der Zeit dem Neuen gegenüber immer aufgeschlossener geworden und hatte viele Gepflogenheiten der „Städter" übernommen. So auch den lockeren Umgang mit anderen und die unverbindliche Art sich zu befreunden. Das führte dazu, dass es nur spielerische Hierarchien gab, während es im privaten egal war, was der Ein oder andere beruflich machte, verdiente oder wer oder was sein Vater ist.

Das wirkte sich auch bei den Spielen aus.

Mit Manni kam nicht nur der spielerische Umschwung, auch wurde das Lied der Schalker einfach auf die Vereinsfarben „grün und weiß" umgedichtet …~~ Grün und weiß ist Wiese Wald und Flur, grün und weiß ist unsre Fußballgarnitur.~~~, sangen die Jungs nach jedem Sieg, denn Niederlagen gab es so gut wie keine. Lediglich im Pokalwettbewerb musste man sich den Vereinen aus den Kreis- und Bezirksstädten öfter Mal geschlagen geben. Im Laufe der Jahre folgten fünf Aufstiege bis in die Bezirksliga.

Deutschland war zwischenzeitlich Weltmeister geworden und Hinni hatte sein Amt als Kassierer aus Altersgründen niedergelegt und war jetzt nur noch Zuschauer. Trotz allem feierte er aber jeden Sonntag, egal ob Sieg oder Niederlage, mit der Mannschaft bis zum Abwinken mit. Im Laufe der Zeit hatten sich die „Erfolgsfeiern" zu einem festen Ritual etabliert und uferten oft in endlosen Saufgelagen aus.

Ali sah der Entwicklung mit einem lachenden und einem weinenden Auge entgegen. Einerseits brachten ihm doch die

‚Saufgelage' immens viel Geld in die Kasse, andererseits bemerkte er auch, dass das spielerische Niveau nachließ und die Erfolge immer schwerer erkämpft werden mussten.

Noch genoss der FC ImmerGut ein hohes Ansehen in der gesamten Region. Nicht nur das man, wenn man auch Mal nicht aufstieg, jede Saison mindestens um die Meisterschaft mitspielte. Auch in den Pokalrunden besiegte man immer öfter höherklassige Gegner.

Was sich aber von Jahr zu Jahr als sehr beliebt bei den Spielern erwies, waren die Teilnahmen an den unzähligen Sportfesten bei anderen Vereinen. Fast ausnahmslos beendete man die Turniere als großer Sieger. Aber das war mittlerweile zweitrangig. An erster Stelle standen die, sich immer wieder toppenden und ausufernden Saufgelage, die in den Bierzelten zusammen mit anderen Mannschaften stattfanden.

Das sich beim FC ImmerGut die leeren Bierkisten am höchsten stapelten, war genauso Usus wie der Gewinn des Pokals.

Kapitel 5

Der Spitzname „FC Immergut (voll)"
... Saufen steht im Vordergrund

Trotz der ausufernden Siegesfeiern, hielt sich der FC ImmerGut noch verdammt gut in der Spitzengruppe der Landesliga. Mittlerweile hatte der FC ImmerGut über 2.000 Mitglieder und neben der ersten Mannschaft noch eine zweite und dritte Herrenmannschaft. Zudem in jeder Jugendklasse mindestens eine weitere Mannschaft.

Alles passte.

Es war die Zeit des wirtschaftlichen Aufschwungs und mit dem sportlichen Erfolg floss auch das Geld von Gönnern und Sponsoren reichlich.

Ali, Manni, Dietmar und einige andere waren mittlerweile über dreißig und auch beruflich so eingebunden, dass sie die exzessiven Saufgelage aus beruflichen Gründen nicht mehr mitmachen konnten, wollten und auch durften.

Das sollte sie aber nicht davon abhalten, die jüngeren und neuen Spieler zu animieren, sich nach den Spielen die berühmte „Kante" zu geben. Es machte ihnen sichtlich Spaß, wenn die Kids dann vollgesoffen in der Ecke lagen oder sich völlig danebenbenahmen.

Es war mittlerweile unter den Spielern fast wie ein Ehren-kodex. „Wer dazugehören wollte, musste mithalten. Schlapp machen, galt nicht".

Neben den Allseits beliebten Tournieren, kamen auch immer mehr sogenannte „Ausfahrten" mit Freundschaftsspielen und Übernachtungen hinzu. Eins der beliebtesten Ziele war das zweimal jährliche, gegenseitig stattfindende Treffen mit den österreichischen Fußballfreunden aus einer Gemeinde bei Innsbruck, welches durch die Geschäftsbeziehungen von „Holzwurm" Erwin ins Leben gerufen worden war. Walter und Gerd waren dort bekannt wie die bunten Hunde. Hatten sie doch vor zwei Jahren im Vollrausch in einem Kuhstall ein Bauernmadel „geschnackselt" und die Kuh dabei Walter in den Allerwertesten getreten, sodass dieser fortan einen Hufabdruck als „Brandzeichen" seiner Tat auf dem Allerwertesten trug.

Überraschungsfahrten, die Herbert Mitte der 70er eingeführt hatte, waren bei den Spielern zudem äußerst beliebt.

Zusammen mit dem Kassenwart wurde besprochen, wie viel Geld aus der Kasse für die Planung der Trips zur Verfügung stand. Je höher der Betrag, desto weiter, bzw. exklusiver wurden die Fahrten. Angefangen hatte alles mit einer harmlosen Floßfahrt, die mit einer großen Grillparty endete, bei der dann auch die Frauen und Freundinnen der Spieler anwesend waren.

Das hatte aber mehr den Hintergrund, dass sich die Spieler dann die Kante geben konnten und die Frauen sie nach Hause fahren durften.

Die große Zeit der „speziellen" Vereinsausflüge

Von Jahr zu Jahr wurden die Überraschungstrips ausgefallener und auch teurer. Das Highlight dieser Aktionen war der Trip, den Berthold, ein Ingenieur einer nahen Baufirma, 1979 organisiert hatte.

Es waren über 30 aktuelle und auch ehemalige Spieler aus Immergut anwesend. Harri hatte drei Flaschen „Klaren" mitgebracht und jedem Teilnehmer reichlich eingeschenkt. Mit der „Partylokomotive", einem eigens gestalteten Zug, mit acht Wagons, einer Band und natürlich auch einem Bar (Speise)-wagen, ging die Fahrt los. Keiner der Anwesenden hatte eine Ahnung wo es hingehen würde. Der Alkohol floss in Strömen und alle waren bester Laune. Nach etwa zwei Stunden Fahrt hielt der Zug an einem kleinen See an und Harri bat alle auszusteigen und ihm zum See zu folgen.

„Müssen wir jetzt schwimmen gehen?", lallte Albert, der kaum mehr stehen konnte, in die Runde.

„Keine Angst! Du nicht mehr", antwortete Walter. Und ein schallendes Gelächter ertönte.

Am See stand eine riesige Grillhütte, mit einem Zelt und einem unglaublich opulenten Buffet, welches davor aufgebaut war.

„Wow! Das ist ja fantastisch", grölte Willi und machte sich augenblicklich über die frisch gegrillten Fleischspieße, her.

„Wo ist das Bier?", fragte irgendjemand aus der Runde.

„Ja – wo ist das Bier?", fragte nun auch Werner.

„Oh Gott! Das habe ich vergessen!", antwortete Harri mit ernster Miene, um gleich darauf laut lachend loszuprusten.

Im gleichen Moment öffnete sich die Tür der Grillhütte und vier bildhübsche Mädels in sehr knappen Bikinis traten ins

Freie und jede von ihnen hielt ein Tablett mit frisch gezapftem Bier in den Händen.

„Sag mal Harri?", fragte Ali, während die anderen mit dem Buffet und den Mädels beschäftigt waren. „Ist das alles? Vier Mädels für 30 Kerle oder kommt da noch etwas?"

Harri hob amüsiert die Schultern. „Vielleicht!?!"

Was dann folgte, bekamen Albert und auch Heinz nicht wirklich mit. Lagen sie doch hinter der Grillhütte und pennten ihren Rausch aus. Angeführt von Wilfried und Klaus, den Jungs aus der Stadt, schlenderten in aufreizend knappen Miniröcken, Petra, Karin, Sybille und neun weiter Mädels den Weg zur Grillhütte hinab. Das laute Gegröle, welches wie auf Kommando unter den Männern aus Immergut ausgebrochen war, unterbrach Klaus abrupt mit erhobener Hand.

„Das sind meine Fußball-Mädels aus dem „Admiral"! Und seit einem Monat auch meine erste Damenmannschaft. Und heute sind wir hier im Trainingslager um von euch zu lernen. Und mit einem wissenden Lächeln fügte er ergänzend hinzu – oder ihr von den Mädels!"

Harri und Klaus klatschten sich ab.

„Gut gemacht! Du auch!"

Das Bier wirkte und die Sonne tat ihr Bestes dazu. Die Band aus dem Zug spielte aktuelle Tanzmusik und die ersten heißen Tänze brachten auch das Blut der Teilnehmer in Wallung.

Heinz, der gerade seine Hände unter den Minirock von Petra schob, hielt abrupt inne, als die Musik aufhörte zu spielen und Sybille durch das Mikrofon ankündigte, dass die erste Trainingseinheit nun beendet sei und alle in den See zum Abkühlen sollten, um mit der zweiten Einheit zu beginnen.

Unter lautem Gegröle flogen Kleidungsstücke durch die Luft und alle rannten nackt oder nur spärlich bekleidet in den See.

„Ich habe ja schon viel erlebt, aber das ist …. der Hammer!", sagte Ali ein wenig verwirrt und mit offenem Munde, als er die wilde, hemmungslose Orgie im See und vor und neben der Grillhütte beobachtete.

„Super", ergänzte Harri, lies Ali stehen und lief ebenfalls in Richtung Wasser um bloß nicht zu spät zu kommen.

Dass Ali nicht mitlaufen konnte, lag daran, dass ihn Karin an der Hand nahm, um mit ihm hinter einem nahen Busch zu verschwinden.

Die Sonne ging auf und langsam erwachte einer nach dem anderen aus seinem Rausch.

„Was war das denn? Habe ich geträumt. Wo sind die Mädels?", fragte Willi, Bernd, der neben ihm lag.

„Keine Ahnung! Aber um 12:00 Uhr kommt der Zug und wir müssen wieder nach …". Die restlichen Worte blieben ihm im Hals stecken, als er die bildhübsche Karin, nur mit einem String-Tanga bekleidet, mit Ali an der Hand, aus der Hütte kommen sah.

Albert und Heinz hatten von der ganzen Aktion nichts mitbekommen, weil sie erst spät am Vormittag aus dem Koma erwacht waren, was ihnen ab da die Spitznamen ‚Keine Ahnung' und ‚Auch keine Ahnung' einbrachte.

Die absolute Krönung

Waren die Einladungen, zu den Auslandsvertretungen des Großsponsors aus der Industrie.

Das war dann immer das ganz besondere Highlight, welches sich vor allen Dingen, weil die Teilnehmerzahl auf 30 Personen begrenzt war, die älteren Spieler nicht entgehen lassen wollten. Schließlich lief das Ganze im VIP-Status ab und die Erlebnisse waren phänomenal. Hier wäre sogar der ein oder andere Bundesligaspieler richtig neidisch geworden.

Obwohl der Alkohol bei diesen Trips nicht wirklich die erste Geige spielte, waren die Erlebnisse doch so einmalig und gaben ihnen das Gefühl etwas ganz Besonderes, ein „VIP", zu sein.

Alles begann vor zwei Jahren mit dem Trip nach New York. Dort hatte man neben den üblichen Sehenswürdigkeiten wie dem World Trade Center und dem Empire State Building, Manhatten mit dem Hudson River kennenlernen dürften. Dass es zusätzlich auch eine Menge diverser Partys mit „American Girls gab, wurde fast als selbstverständlich angenommen. Auch das die drei Fußballspiele gegen Auswahlmannschaften aus New York und Umgebung allesamt gewonnen wurden, war nur eine Nebensache.

Doch dieses Jahr sollte es etwas ganz Besonderes werden. Stand doch **Rio de Janeiro** mit dem weltberühmten Zuckerhut und der Copacabana auf dem Programm.

Harri und Ali nahmen die Anmeldungen entgegen. Schließlich sollten vorrangig die alten Haudegen aus dem New York - Trip dabei sein. Schon alleine deswegen, weil von ihnen auch kein, noch so kleines Detail der Tour an die Öffentlichkeit geraten war.

Das diese Tour jedoch alles bis dato Erlebte sprengen sollte, lag hauptsächlich an Dr. Paul Baroni, dem Leiter der dortigen Konzernfiliale. Schließlich war er schon im Vorfeld vom Vorstandsmitglied des Konzerns, Prof. Dr. Deichbauer instruiert und angehalten worden, den Jungs vom FC ImmerGut alles zu bieten, was Rio so für „allein" reisende Männer hergibt.

Dr. Baroni kannte sich bestens aus. Nicht nur in Rio, sondern auch in Sao Paulo hatte er sein Büro und vor allem seine ganz persönlichen Kontakte. Das Budget, welches ihm Prof. Deichbauer genehmigt hatte, konnte sich sehen lassen. So gehörten neben den üblichen Highlights wie dem Besuch des Zuckerhutes mit seiner OBA OBA Show, diversen Churrasco-Essen natürlich auch der Besuch des Corcovados (Christus-Statue) und ein Besuch in Butantan, einem Tropeninstitut in

Sao Paulo dazu. Was die Jungs aber als Überraschung erleben sollten, sprengte alle denkbaren Vorstellungen.

„Man nächste Woche fliegen wir nach Rio", sagte Heinz zu Peter. „Kannst du dir vorstellen, was dort abgeht? Zuckerhut, Copacabana und die tollen Brasilianerinnen."

„Jooh - kann ich."

Aber so wirklich konnte sich keiner ein Bild von Rio machen. Schließlich war doch bis dato noch niemand von ihnen auch nur annähernd in Südamerika gewesen.

Schon der Anflug auf Rio war ein einmaliges Erlebnis. Von oben konnte man wunderbar den Zuckerhut und die vielen langen Buchten mit ihren schneeweißen Sandstränden sehen.

„Da … da ist das Maracana – Stadion!", schrie Paul schon fast hysterisch, während er seine Nase so feste an das Fenster des Flugzeuges drückte, dass es fast zu zerbrechen schien.

„Jooh, da spielen wir übermorgen", erwiderte Peter fast gelangweilt und tat so, als hätte er dort schon x-mal gespielt.

„Was ist das denn?", fragte Leo seinen Kumpel Holger, als sie unmittelbar nach der Landung von den anderen, den normalen Passagieren getrennt und mit einem vollklimati-sierten Luxusbus die 300 m zum VIP Terminal gebracht wurden. Holger zuckte nur die Schultern, hatte er doch auch keine Ahnung, was hier gerade ablief. Alle standen sie versammelt um den Tisch mit den exotischen Getränken und den noch exotischeren, dunkelbraunen knapp bekleideten Mulattas.

Bem vindo ao Rio – begrüße Dr. Baroni, ein smarter und sehr gut gekleideter Mann, die Männer vom FC Immergut mit zwei bildhübschen Frauen an seiner Seite.

„Unsere Firma heißt sie herzlich willkommen und ab jetzt genießen sie den VIP-Satus unserer Firma und mit einem breiten Grinsen, - möglicherweise auch noch ein wenig mehr."

Er hob ein Glas Caipiroska und prostete ein „saúde" in die Runde.

„Sie sind ab heute meine Gäste und die Mädels, - er drehte sich zu den bildhübschen Girls um, sind Damen der OBA OBA – Show und ab jetzt ihre persönlichen Assistentinnen."

Max Biedermann sein engster deutscher Mitarbeiter, der ausschließlich für das gesellschaftlich-kulturelle Programm der Firma zuständig war, hatte alles arrangiert und die Damen quasi für den Aufenthalt der Truppe gemietet.

Dass das Arrangement eine quasi Rundumbetreuung bedeutete, wussten bis dahin nur Insider.

Nur wenige Minuten und zwei Caipiroskas später, waren die Jungs in Rio angekommen. Was in den kommenden Tagen folgte, sollte der Diskretion halber hier nicht erwähnt werden.

Soviel jedoch sei erwähnt. Bei den vier Spielen gegen brasilianische Mannschaften, unter anderen das im leeren Maracana-Stadion, fehlte keiner der Spieler.

Estadio Maracana

Alle Spiele, bis das im Maracana-Stadion, wurden, wenn auch nur knapp, verloren. Ob das an den hübschen Brasilianerinnen oder am Caipirinha lag, sei dahingestellt.

Leo war der jüngste in der Truppe und Harri hatte ihn in die Liste der Teilnehmer aufgenommen, weil Leo zu dem Zeitpunkt mit Abstand der beste Spieler der Truppe war. So einen brauchten sie auch unbedingt. Schließlich wollten sie doch zeigen was der „Deutsche Fußball" und vor allem der FC ImmerGut, so alles drauf hat und auch, dass man die so ‚perfekten' Brasilianer jederzeit schlagen könne.

Leo war mit seinen vier Toren der Spieler in der ersten Halbzeit, im weltberühmten Maracana-Stadion. Dass es am Schluss nur zu einem Unentschieden langte, lag zweifels-ohne an der großen Hitze und der ausgehenden Kondition.

Es war ein unglaubliches Gefühl von Ehrfurcht und Stolz, der die Jungs vom FC ImmerGut befiel, als sie vor der riesigen Schüssel mit seinen straßenähnlichen Aufgängen, die in die Oberränge führten, standen.

„Wow! Da würde ja ganz Immergut reinpassen", meinte Dietmar und sein Blick schweifte von oben durch das Rund der riesigen Schüssel.

Allein der lange Gang durch die Katakomben bis zu den Umkleidekabinen erschien ihnen wie eine Ewigkeit. Nachdem sie sich umgezogen hatten, ging es unter dem gewaltigen Graben, der das Spielfeld von den Zuschauer-rängen trennte, hinaus auf den Platz.

„Wow! Hier hat also Pelé gespielt", sagte Peter und sein Blick schweifte durch das menschenleere Rund des Stadions. In seinem Kopf jedoch war das Stadion mit mehr als 100.000 Zuschauern gefüllt, und ALLE schauten auf ihn.

„Man! Pelé spielte beim FC Santos und nicht hier", weckte ihn Ali aus seinen schönsten Träumen.

Auch der Gegner schien beeindruckt und kam in der ersten Halbzeit mit dem schnellen Spiel und der Manndeckung der ImmerGut(er) nicht zurecht. Auch Leo bekamen sie zu keiner Zeit in den Griff. So war es auch nicht verwunderlich, dass er alle vier Tore schoss.

Leo war nicht nur ein guter Fußballer, sondern auch der Liebling von Prof. Dr. Deichbauer. Er hatte ihn schon letztes Jahr in New York spielen sehen und war von seinem fußballerischen Talent begeistert. Jetzt zeigte er erneut was er drauf hatte. Aber am meisten gefiel ihm die jugendliche Unbekümmertheit. Während die anderen Spieler des FC ImmerGut vor Ehrfurcht vor seiner Person zu erstarren schienen, zeigte Leo jedoch keinerlei Berührungsängste. Im Gegenteil. Hatte Leo doch ihm, dem über „Allem" stehenden Vorstandsmitglied, in New York, in einer Tagesdisco den Schneid abgekauft und die zwei bildhübschen Mädels nicht mit ihm geteilt, sondern Beide mit auf sein Zimmer genommen, so wollte er es dem „Kleinen" Leo nun in Rio, auf seinem Terrain, zeigen, wie man mit großen, hübschen und vor allem exotischen Frauen umgeht. Schließlich war er zwei Köpfe größer als Leo und sprach fließend portugiesisch.

Das am vierten Tag Sao Paulo mit zwei Spielen und einem Besuch des Tropeninstitutes auf dem Programm stand, war ok. Dass sie aber allesamt und inklusive der OBA OBA Mädels, die mittlerweile schon den einzelnen Jungs als feste Partnerinnen zugeordnet waren, mit nach Sao Paulo flogen, war genial.

Es war am dritten Tag in Sao Paulo, als Prof. Dr. Deichbauer am Abend nach einem Spiel, Ali, Dietmar und Leo einlud mit ihm mitzukommen. Dass das etwas ganz Besonderes bedeuten würde, da waren sich die drei einig. Dass sie aber mit einem Helikopter vom Dach des Nobelhotels abgeholt würden, hatten sie sich nicht mal zu träumen gewagt.

„Wo fliegen wir hin?", fragte Leo Prof. Deichbauer in seiner unbekümmerten Art.

„Last euch überraschen – oder habt ihr Angst? Sollen wir umdrehen?"

„Auf keinen Fall", schoss es wie aus einer Pistole zurück. „Egal was kommt. Wir sind dabei", rief Ali aufgeregt.

„Gut!"

Die Stadt mit ihren fast 20 Millionen Einwohnern und ihren unendlich vielen Hochhäusern schien jetzt bei Nacht noch gewaltiger und geheimnisvoller, als am helllichten Tag, als sie aus Rio hierhergeflogen waren.

Aus dem Helikopter konnte man auf den großen, hell erleuchteten Dachpool des Gebäudes blicken und die vielen hübschen, kaum bekleideten Frauen sehen, wie sie mit einigen Männern im Pool plantschten. Langsam landete der Helikopter auf dem angrenzenden Nebengebäude.

„Das ist eine Privatparty und nur für ganz bestimmte Gäste", sagte der Professor, als er in die fragenden Gesichter der drei Spieler schaute.

„So meine Herren, da sind wir. Ich wünsche euch viel Spaß und mit einem breiten Grinsen - trinkt nicht zu viel, sonst verpasst ihr das Beste."

Das der Professor damit die mindestens zwei, wenn nicht sogar drei Frauen meinte, die jedem Gast, für das „leibliche Wohl", wie er immer zu sagen pflegte, zur Verfügung stände, war allen klar.

Das sich an den offenen Pool noch ein weiterer Indoorpool anschloss, bekamen die drei erst mit, als die Frauen, die sie – oder besser, von denen sie ausgesucht wurden, dorthin entführten. Was sie dann erlebten, blieb ihr gut gehütetes Geheimnis.

Das dieser Trip noch lange Nachwirkung in Immergut zeigte, lag auch daran, dass es zur Tradition wurde, bei jedem Treffen, ob vor oder nach dem Spiel, mindestens einen Caipiroska mit dem Trinkspruch „Auf dein leibliches Wohl" zu schlürfen. Den Caipiroskas folgten dann jeweils noch einige Bierchen bevor es zum Punktspiel auf den Platz ging.

Der Tag an dem der FC Immergut (voll) geboren wurde!

„Man was ist mit euch los?", fragte Berthold, die Nr. 10 vom FC Düdendorf, Leo, als dieser ihn begrüßte. „Ihr seid ja nur noch voll besoffen."

Es war Erwin von Düdendorf, der unmittelbar neben den beiden stand und dem Gespräch lauschte und dem nichts Besseres einfiel als - ja – ja – „der FC Immergut (voll)" von sich zu geben. Von da an erhielt der FC ImmerGut den Zusatz **VOLL** für vollgesoffen.

Und es kam noch schlimmer.

Dietmar, Horst, Roland, Rudi und auch Manni zogen sich mehr und mehr aus den Aktivitäten und auch dem Spielbetrieb selbst zurück. Zu groß war der Zustrom junger Spieler aus der Stadt und auch aus Immergut und Umgebung geworden, die mehr Wert auf die wöchentlichen Saufgelage, als auf die Spiele selbst legten.

Alles fing damit an, dass Wilfried und Klaus mit ihren gerade mal 20 Jahren, immer mehr Freunde aus der Stadt anschleppten, und die im wahrsten Sinne des Wortes jedes Wochenende so richtig die „Sau" rausließen. Immer öfter zettelten sie nicht nur in den Festzelten und Kneipen Schlägereien an, sondern auch auf den Sportplätzen mit den gegnerischen Mannschaften. Viele der Jungs aus der Stadt spielten in einer Disco-Thekenmannschaft und waren hier die „uneingeschränkten" Kings.

Ferdi, Hermann und Bernd, alles aktuelle Spieler aus Immergut, genossen die Freundschaft zu Wilfried und Klaus und besuchten diese sooft sie konnten, bzw. ihr Konto es hergab, in der Disco „Admiral Nelson" in der Stadt. Irgendwann lud Klaus die Jungs in den Keller der Disco ein.

„Also Freunde, was ich euch jetzt zeige, bleibt absolut unter uns. Es kostet euch pro Person 100,- DM und einmalig 200,- an Heinrich den Discoinhaber.

Habt ihr Lust und Geld dabei?".

„Jooh!"

„Wollt ihr?"

„Jooh!"

Was dann geschah, übertraf jede Vorstellung der drei. Der Keller der Disco war komplett mit Möbeln und zwei großen französischen Betten ausgestattet. An der kleinen Bar saßen Petra, Karin und Sybille und warteten schon ungeduldig auf die angekündigten Jungs. Nicht nur dass sie sich hier ohne das Wissen von Freunden und Familie ihr Taschengeld erheblich aufbesserten, sie hatten auch Spaß an ungewöhnlichem und hemmungslosen Sex.

Was die drei Jungs aus Immergut nicht wussten, diese Art von Treffen fand fast jeden Abend statt und immer waren es ausgefallene Partys mit wechselnden Partnern.

Es war der 14. November 1982.

Die Jahreshauptversammlung beim FC ImmerGut war zu Ende und das Bier floss mal wieder in Strömen. Auch Ali und Franz hatten ihre aktive Spielerzeit als beendet erklärt und somit waren nur noch wenige, der einst so erfolgreichen Mannschaft im aktuellen Team. Einige spielten mit über 40 noch in der Harri-Elf, während andere eine lockere Altherrenmannschaft gegründet hatten.

Ferdi, Hermann und Bernd hatten schon erheblich Alkohol konsumiert. Ferdi, der sich kürzlich einen brandneuen Opel Manta gekauft hatte, kam auf die Idee „Fritten-Essen" zu fahren. „Fritten-Essen" war der Geheimcode für den Disco-Keller in der Stadt und das hemmungslose Treiben mit den Mädels. Sie hatten mittlerweile von den Mädels nicht nur so einige „schöne" Dinge, sondern auch das Haschisch rauchen kennengelernt.

„OK! Aber erst rauchen wir noch ein „Pfeifchen", sagte Hermann und zündete sich eine Pfeife mit einem Stück des „Grünen Afghanen" an. Bernd öffnete noch für jeden eine Flasche Bier und Ferdi ließ die Reifen seines nagelneuen, 115 PS starken Opels durchdrehen.

Sie waren gerade aus dem Dorf, als Ferdi die Kontrolle über sein Auto verlor und mit fast 160 Km/h in die Wiese donnerte, wo er sich mehrfach überschlug und fast 300 m weiter im Wald und auf dem Dach liegen blieb.

Zwei Stunden später heulten die Sirenen und Richard, der so ziemlich einer der letzten auf der Jahreshauptversammlung war, lies alles fallen, sprang volltrunken in sein Auto und raste zum Dorfplatz. Als Mitglied der freiwilligen Feuerwehr war es seine Pflicht mit an den Ort des Geschehens zu fahren.

„Wo brennt es denn?", fragte er einen Freund, der sich gerade den Feuerwehrhelm aufzog.

Nirgendwo. Aber es hat einen schweren Unfall gegeben.

Mit tatütata bogen sie um die Kurve und sahen schon von weitem das Blaulicht der Kollegen aus Düdendorf. Richard hatte ein ganz flaues Gefühl im Magen. Als ahne er, dass es sich um seine Kumpels handeln würde. Eine knappe Woche später wurden die drei begraben. Der ganze Verein und auch das halbe Dorf versammelte sich auf dem Friedhof.

„Jetzt haben wir noch ein paar Namen mehr an der Mauer", sagte Dietmar zu Manni, der ebenfalls zur Beerdigung gekommen war.

„Wenn das so weiter geht, werden es nicht die letzten sein", erwiderte Manni.

Von dem Tag an war es wie abgebrochen mit dem Spielbetrieb beim FC ImmerGut. Der Kontakt zu den Städtern hatte sich quasi über Nacht aufgelöst. Somit fehlten der ersten Mannschaft auch Spieler. Was blieb, war die Auflösung der Harri-Elf (2. Mannschaft) um so den Spielbetrieb der ersten Mannschaft aufrechtzuerhalten.

Das änderte aber nichts daran, dass die Festivitäten und Saufgelage im Postillion weitergingen.

Auf Ferdi – auf Ferdi.

Auf Hermann – auf Hermann.

Auf Bernd – auf Bernd,

lauteten die Trinksprüche, die jeweils mit einem „Klaren" vollzogen wurden.

Auch Dennis und Pascal mit ihren gerade mal 17 Jahren mussten diese „Tradition" mitmachen, ob sie wollten oder nicht. Kein Alkohol - kein Spiel.

Der ständige Alkoholkonsum, auch außerhalb der Mannschaft, hatte bei den meisten Spielern erhebliche Spuren hinterlassen. Die Leistungsträger hatten nur noch Luft für maximal eine Halbzeit und die Jüngeren nicht die Qualität um einen Ball auch nur halbwegs richtig anzunehmen, geschweige denn damit zu dribbeln oder gar ein Tor zu schießen.

Beim Training erschienen nur noch wenige und auch hier war es mittlerweile Tradition, dass der Trainer eine Kiste Bier mitbrachte. An etlichen Tagen kam dann auch noch eine Flasche Korn dazu.

Als die Wenigen, die noch zum Punktspiel antraten, auch noch in der Halbzeit eine Kiste Bier anbrachen, war der Niedergang des einst so stolzen FC ImmerGut besiegelt. Und die Bezeichnung FC ImmerGut(voll) mehr als berechtigt.

Kapitel 6
Der unvermeidliche Abstieg

Harri war mal wieder stinksauer über das Gemotze von Erwin, zu seiner Mannschaftsaufstellung besonders über das, am Nachmittag stattfindende Spiel. Hatte er doch erst kürzlich den Trainerposten von Werner, der aus lauter Frust über die schlechte Trainingsbeteiligung den Job hingeschmissen hatte, übernommen. Und nun das.

Es kratzte gewaltig an seiner Ehre als Trainer. Schließlich hatte er die „Zweite" immer erfolgreich trainiert. Und nun warf ihm dieser Schnösel vor, dass er keine Ahnung hätte, und dass er nur nach ‚Nase' aufstelle.

Was blieb ihm denn anderes übrig als unter den noch vorhandenen dreizehn Spielern, elf für die Startelf zu nominieren. Dass er da erst einmal die berücksichtigt, die immer zum Training kamen und zum anderen die, die nicht die ganze Nacht durch gezaubert hatten. So wie heute Erwin.

Was ihn aber sehr betrübte, war die Erkenntnis, dass sie heute das entscheidende Spiel um den Abstieg in die Bezirksliga hatten, und dass, wenn sie absteigen würden, ihm, „Harri", angekreidet würde. Dann wäre er der Buhmann im Verein und auch im Dorf.

Während sich der Gegner schon auf dem Platz aufwärmte, waren Harris Spieler noch mit dem Umziehen, bzw. dem Rauchen einer letzten Zigarette - sie nannten sie Konditionsstäbchen - beschäftigt.

„Nimm es nicht so schwer", sagte Ali, indem er seinen Arm um Harris Schultern legte. „Mit der Truppe würde auch Udo Lattek absteigen."

Was für ein Trost dachte sich Harri. Laut und gefrustet schrie er den Ersten, der das Spielfeld betreten hatte an.

„Wo bleibt Peter?"

Mit Peter meinte er den Torwart, auf den halbwegs Verlass war. Peter war zudem seine einzige Hoffnung, dass, wenn er heute wieder eine super Leistung zeigte, er die Mannschaft eventuell vor dem Abstieg retten könne.

Die erste Halbzeit verlief relativ gut. ImmerGut legte sich mächtig ins Zeug und ging sogar durch ein Tor von Willi mit 1:0 in Führung. Auch die zweite Halbzeit fing richtig gut an. Es waren gerade mal fünf Minuten gespielt, als Willi mit einem Freistoß seine zweite „Bude" machte.

Mit „Siehste - die Jungs schaffen das", kommentierte Ali knapp das 2:0.

Harri blieb jedoch skeptisch. Er hatte die leise Befürchtung, dass seine Jungs gegen Ende des Spiels konditionell abbrechen würden.

Ich kann nicht mehr, signalisierte Werner, völlig außer Atem, seinem Trainer.

„Halte durch, sind nur noch 20 Minuten." Harri wusste das ein Unentschieden, egal wie auch immer, völlig ausreichen würde, um den Klassenerhalt zu sichern. Selbst eine knappe Niederlage könnte eventuell noch den Klassenerhalt bedeuten. Das hing aber davon ab, wie die vom VfL heute gegen die Schleendorfer abschneiden würden.

Wie von einer Tarantel gestochen rannte Werner vom Platz, um sich im nahen Gebüsch zu übergeben.

„Schnell! Macht euch fertig", rief Harri den beiden einzigen Auswechselspielern, Erwin und Franz, zu. Denn auch Willi war mit seinen Kräften am Ende. Da es aber in der 80sten Minute noch zwei weitere Spieler gab, die den Platz aus Kräftemangel verließen, war das Ende in der oberen Spielklasse besiegelt. Konnten sie bis dahin noch ein 2:2 Unentschieden halten, so kassierten sie in Unterzahl innerhalb von sieben Minuten drei weitere Treffer und das

Spiel ging 2:5 verloren. Auch das der VfL im Parallelspiel mit zwei Toren unterschied verlor, konnte sie nicht mehr retten.

„Komm Harri! Dass kannst du nicht machen", forderte Ali, Harri auf, als dieser zu verstehen gab, dass er den FC ImmerGut zur nächsten Saison in der Landesliga nicht mehr trainieren würde.

Wir werden versuchen noch ein paar weitere Spieler zu holen und ich werde auch mal mit Manni reden und ihn bitten noch ein zwei Jahre zu spielen bis wir wieder Ordnung in der Truppe haben. Dietmar konnte er hingegen nicht mehr überreden noch eine Saison für den FC ImmerGut zu spielen. Dietmar gab ihm noch zu verstehen, dass er keine weiteren Spieler mehr aus der Stadt besorgen würde, da alle die er kennt, mittlerweile verheiratet wären und nur noch in ihren Thekenmannschaften spielen wollten.

Ali hatte Manni das Problem erklärt und ihn gebeten, die Jungs ein wenig dahingehend anzuhalten, wenigstens an den Wochenenden nüchtern zu bleiben. Mit Freddy und Alfons kamen zudem noch zwei neue Spieler aus der A-Jugend in die erste Mannschaft.

Harri trainierte nun die, wieder etwas zahlreicher erscheinenden Jungs und sorgte dafür, dass sie wieder etwas mehr Kondition bekamen.

Dank dieser guten Zusammenarbeit zwischen Spielern und Trainer konnte man die Spielklasse halten und kämpfte in der Saison 1990/91 sogar um den Aufstieg.

Man! Wir haben nur noch zwei Spiele und drei Punkte Vorsprung. Das müsste doch mit dem Teufel zugehen, wenn wir nicht aufsteigen würden, kommentierte Manni den aktuellen Tabellenstand, den er aus dem aufgeschlagenen Sportteil des Tageblatts ablesen konnte. Im nächsten Spiel machen wir den Aufstieg perfekt und dann ist für mich auch endgültig Schluss. Schließlich bin ich jetzt schon 43.

Es war ein reines Schützenfest. Der Gegner war schon lange abgestiegen und trat nur mit 10 Spielern an und so war es auch kein großes Ding, dieses Spiel zu gewinnen.

Nach dem Schlusspfiff kannte der Jubel keine Grenzen mehr und mal wieder floss das Bier in Strömen.

„So Jungs - das reicht!", sagte Harri in die feucht-fröhliche Runde. Es sind noch zwei Nachholspiele von anderen Vereinen und dann gibt es die offizielle Abschlusstabelle. Und dann, dann lassen wir es aber richtig krachen.

Eine bedrohliche Nachricht vom Verband!

Die Nachricht, die Ali als Präsident des FC ImmerGut per Telefon erhielt, platzte rein wie eine Bombe und ließ ihn sich erst einmal in den Sessel setzen. Hatte er den Herrn vom Landessportverband richtig verstanden? Manni ist noch in seinem Heimatverein dem Bundesligisten gemeldet und hat somit zwei Pässe in zwei Bundesländern, bzw. unterschiedlichen Fußballverbänden.

„Hallo Manni", sagte Ali am Telefon. „Kannst du diese Woche mal nach Immergut kommen. Wir haben da eine unaufschiebbare Sache zu klären."

„Worum geht es denn so Wichtiges?"

„Um deine Anmeldung in deinem alten Verein."

„Bei ...? Aber da habe ich schon seit 10 Jahren nicht mehr gespielt. Außer", er machte eine Pause, „in der Traditionsmannschaft. Und bei den alten Herren."

„Ja und genau das ist das Problem", fuhr Ali fort. „Die vom FC Dorhausen haben irgendwie herausgefunden das du mal als Profi gespielt hast. Und einer aus dem Vorstand kennt wiederum einen vom Bundesligisten und hat dort angerufen und der hat ihm wohl gesagt, dass du noch dort gemeldet bist."

„Und was heißt das nun für uns?", fragte Manni leise zurück. Schließlich erinnerte er sich ganz allmählich, dass er sich eigentlich nie dort abgemeldet hatte. Und dass sie ihn damals in ImmerGut angemeldet hatten, hatte ihn irgendwie nicht interessiert.

„Nun", unterbrach Ali seine Gedanken. „Die vom Verband werden den Fall prüfen und im schlimmsten Fall bekommen wir alle Punkte und Tore abgezogen und steigen ab."

„Oh Gott!", stöhnte Manni. „Das wäre ja eine Katastrophe."

„Ja da hast du recht. Also kannst du kommen?"

„Klar. Wann? Aha am Mittwoch. Ja das geht."

Es ging alles viel schneller als sie beim FC ImmerGut vermuteten. Nachdem der Vorstand vergangenen Mittwoch mit Manni beraten hatte, was er eventuell sagen könne, falls er vor einem Sportgericht aussagen müsse, kam eine Woche später schon die Stellungnahme des Sportverbandes per Einschreiben.

Der Inhalt des Schreibens:

Aufgrund der eindeutigen Beweislage, dass zwei Pässe für den Spieler Manni xxxx, in zwei unterschiedlichen Vereinen und somit auch Verbänden vorliegen und die Erstanmeldung bei dem Bundesligisten stattgefunden hat, ist der Spieleinsatz beim FC ImmerGut, bzw. die erneute Anmeldung in einem anderen Verband als nicht Regelkonform zu betracht-en. Das Sportgericht des Verbandes hat somit entschieden alle Punkte und Tore der vergangenen Saison, dem FC ImmerGut abzuerkennen. Zusätzlich erhält der Verein eine Geldstrafe in Höhe von 5.000 DM. Es folgte noch eine 5-seitige Erläuterung und ein Einspruchs-formular.

„Das wars dann mit dem Aufstieg", sagte Harri in die Vorstandsrunde.

„Was ist jetzt zu tun?"

„Wir werden erst die Spieler und dann die örtliche Presse informieren. Und nächste Saison in der Bezirksliga halt neu angreifen."

Dass es mit dem „Neuangriff" zum Aufstieg nichts wurde, lag daran, dass sich genau sechs aktive Spieler vom laufenden Spielbetrieb abmeldeten. Manni, Bernd, Peter und Willi hörten aus Altersgründen auf. Heinz wechselte zu den Alten Herren und Herbert ging zum Erzrivalen und Urheber des letzten Abstiegs, dem FC Dorhausen um weiter in der Landesliga zu spielen.

Ein Jahr später folgte der direkte Abstieg in die A-Klasse und zwei Jahre später in die 1. Kreisklasse.

Harri hatte seinen Trainerjob aufgegeben und war nun neben Ali, Erich und Hinni nur noch im erweiterten Vorstand. Die 1.Mannschaft krebste nun Jahr für Jahr im unteren Tabellenendrittel der 1.Kreisklasse herum und versuchte immer wieder den direkten Abstieg zu vermeiden.

2005 war es dann soweit. Auch der neue Trainer aus Oberdick konnte den Abstieg in die 2. Kreisklasse nicht verhindern.

2007 starb Hinni im Alter von 97 Jahren. Es war wie ein Staatsbegräbnis. Nicht nur, dass das ganze Dorf und sämtliche Spieler aus den Mannschaften des FC ImmerGut anwesend waren, auch viele aus den Nachbardörfern und den Vereinen, mit denen Hinni im Laufe seines Lebens zu tun hatte, kamen um ihm die letzte Ehre zu erweisen.

Es sollte die nächste Gedenktafel an der Friedhofsmauer sein, die noch von Hinni selbst ins Leben gerufen wurde.

2009 sollte dann der Beginn vom nahenden Ende des stolzen FC ImmerGut sein.

Die drohende Vereinsauflösung

Nicht nur das man in die unterste Kreisklasse abgestiegen war, auch lösten sich einige Jugendmannschaften mangels genügender Trainer und einem durchgehenden Konzept auf.

Der FC Wallenheim hatte im Jugendbereich mit vier anderen Ortschaften eine Spielgemeinschaft gegründet und stellte fast 19 Mannschaften. Das nun jedes Kind aus den Dörfern, die nicht zu der Spielgemeinschaft gehörten, in dieser spielen wollten, war die logische Konsequenz.

Erich und auch Harri hatten ihre Vorstandsposten aufgegeben und waren nur noch passive Mitglieder.

Ali mit seinen nun 65 Jahren war plötzlich alleiniger Vorstand. Damit der Verein jedoch wegen der zu erfüllenden Vereinssatzung weiter existieren könne, setzte er alle Hebel in Bewegung um letztendlich Harris Frau Eva als Schriftführerin und 2. Vorsitzende zu gewinnen. Den Posten des Kassenwartes drückte er seinem langjährigen Freund Willi aufs Auge.

2011 war dann die spielerische Talsohle des FC ImmerGut erreicht. Der letztmögliche Abstieg in die unterste Kreisklasse war „geschafft".

Langsam begann sich die gesamte Mannschaft aufzulösen. Auch der Trainer warf das Handtuch. Und somit blieb Ali nichts anderes übrig, als die Mannschaft, sowie vorher auch schon die A und B-Jugend, vom laufenden Spielbetrieb abzumelden.

Auch die Alten Herren fusionierten mit den Spielern aus Düdendorf und verlagerten ihren Spielbetrieb nach dort.

„Ich glaube", sagte Ali eines Abends zu Eva und Willi, die sich im Postillion an der Theke ein frisch gezapftes Pils gönnten, „wir sollten den Verein langsam auflösen. Die drei Jugendmannschaften die wir noch haben, bringen kein Geld in die Kassen und ich habe langsam auch keine Lust mehr, diese zusammen mit Dennis zu „bespaßen". Es sind ja nicht nur die Trainingseinheiten, sondern auch die Spiele, die man jeden Samstag organisieren muss."

„Was hältst du denn davon, wenn wir dem VfL anbieten, unsere Jugendmannschaften in seine JSG (Jugend-Spiel-Gemeinschaft) aufzunehmen?", schlug Willi vor.

„Ja dann läuft aber hier nichts mehr", warf Eva nachdenklich und mit ein wenig Wehmut in der Stimme, ein.

„Aber die Idee von Ali ist nicht schlecht. Wir stellen den Spielbetrieb ein und werden die Sportanlage für unsere lockeren Altherren-Kicks nutzen und für Sportfeste so wie Sonderveranstaltungen und Fußballcamps zur Verfügung stellen. Und somit kann der Verein angemeldet bleiben", ergänzte Willi.

„Eine gute Idee", stellte Ali fest. „Vielleicht findet sich ja irgendwann wieder eine neue Mannschaft und ein neuer Vorstand."

Der Beschluss des Vorstandes

„Lasst uns in mein Büro gehen und den Beschluss fixieren. Du schreibst?", fragte Ali Eva, als sie Platz genommen hatten. Eva hatte sich von Alis Schreibtische einen Block und einen Kugelschreiber genommen und wartete darauf, dass Ali anfing zu diktieren.

„Nicht so. Wir haben doch einen PC."

Ali startete seinen PC und lud das Textelement des FC ImmerGut hoch.

„Bist du soweit?", fragte er Eva.

Eva bestätigte mit einem kurzen Nicken, worauf hin Ali mit dem Diktieren begann.

Außerordentliche Hauptversammlung des FC ImmerGut. Thema: Weiterführung des Vereins FC ImmerGut e.V. ohne laufenden Spielbetrieb

Anwesend: Ali Stapelfeld, 1. Vorsitzender, Eva Horngarter, 2. Vorsitzende und Schriftführerin, sowie Willi Berger, Kassierer.

Mit einvernehmlichem Beschluss wurde heute von den drei oben aufgeführten und anwesenden Vorstandsmitgliedern wie folgt beschlossen:

Es folgte eine detaillierte Auflistung der Beschlusspunkte und deren Ergebnisse. Am Schluss wurde das Protokoll von allen dreien unterschrieben und mit dem 21.10.2011 als Datum versehen.

„So! Das hätten wir. Damit hat der FC noch die Chance, sein hundertjähriges Bestehen zu feiern", sagte Willi mit einem eher verlegenen Lächeln in die Runde.

„Sind ja nur noch 23 Jahre", warf Ali grinsend ein.

„Na, ob wir das noch erleben?", scherzte Eva und verließ Alis Büro um sich an der Theke ein neues Bier zu bestellen.

Es folgten einige Jahre in denen so gut wie nichts auf dem wunderschönen Gelände des FC ImmerGut an sportlichen Aktivitäten ablief.

Lediglich eine Handvoll ehemaliger und in die Jahre gekommener Spieler, traf sich noch regelmäßig ein bis zweimal in der Woche im Vereinsheim um ein wenig zu kicken, und auch das Gelände und das Gebäude in Schuss zu halten.

Hier und da nutzten Kids aus dem Dorf den Platz um nach der Schule ein wenig auf dem Sportplatz zu Bolzen. Im Vereinsheim hatten sich noch ein Skat- und ein Dart Club niedergelassen. Auch der ortsansässige Schützenverein nutzte das Vereinshaus und die Sportanlage für seine Aktivitäten.

Es sah so aus, als würde dieser Zustand nur solange anhalten bis auch die letzten der „FC-I Veteranen" sich auf die ein oder andere Weise verabschieden würden.

Kapitel 7
Die überraschende Wiederbelebung des FC ImmerGut

Fünf Jahre passierte so gut wie nichts beim FC ImmerGut. Lediglich das Ali in der Zwischenzeit seinen Vorsitz aufgegeben hatte und Bert Dröppelmann neuer Präsident geworden war. Auch waren alle Jugendmannschaften aufgelöst worden und die noch vorhandenen Spieler in die benachbarten Dorf-, bzw. Stadtvereine abgewandert.

Lediglich die Alten Herren rund um Ali, Willi und Peter trafen sich noch regelmäßig einmal die Woche, um ein wenig zu kicken und anschließend in Erinnerungen vergangener Tage und persönlicher Karrieren zu schwelgen.

Hinnis Erben hatten zwischenzeitlich den Betrieb des Bauernhofes eingestellt und den Pachtvertrag mit dem FC ImmerGut, den Hinni seinerzeit mit dem Verein geschlossen hatte, gekündigt. Sie hatten zwar dem Verein, laut der Rahmenbedingungen des Pachtvertrages als erstem angeboten, dass Grundstück zu erwerben. Da der Verein jedoch zu diesem Zeitpunkt nicht mehr über ein entsprechendes Vermögen verfügte, erklärte sich zu guter Letzt die Kommune bereit das Gelände zu erwerben und dem FC ImmerGut, solange der Spielbetrieb aufrechterhalten würde, kostenlos zu überlassen.

Es war an einem regnerischen Tag im Mai 2015, als Karl seinen Sohn Adrian (Ari) mit zum sogenannten Altherrenfußball brachte. Ari war gerade 40 geworden und hatte selbst, obwohl er recht gut Fußball spielen konnte, nie wirklich in einer höheren Mannschaft gespielt. Aber für den „Alte-Herren-Fußball" reichte es alle Male. Das lockere Beisammensein, mit dem anschließenden Bierchen im Vereinsheim gefiel Ari so gut, dass er beschloss seinen „sportlichen" Bewegungsdrang in dieser „Veteranen-Truppe" zu stillen.

Ari hatte schnell erkannt, das sich ihm hier die Möglichkeit bot, nicht nur zu kicken, sondern auch mit seinen Söhnen und den Söhnen seiner Freunde, ein bis zweimal die Woche das Vereinsgelände zu nutzen. Schließlich kannte man ihn und seinen Vater im ganzen Dorf. Ali hatte Ari problemlos den Schlüssel zum Vereinsheim ausgehändigt.

„Sag mal, willst du nicht eine Jugendmannschaft aufbauen?", fragte Ali, Ari, als dieser mal wieder mit einer Handvoll Kids auf dem Sportplatz locker herum bolzte.

Ari grinst Ali breit an. Innerlich hatte er schon lange mit der Idee eine Jugendmannschaft zu gründen, wo auch noch seine Söhne spielen konnten, geliebäugelt.

Auch wenn er keinen Trainerschein besaß, so traute er sich doch zu, die „Kleinen" zu trainieren.

„Ich denke, da sollten wir mal drüber nachdenken."

„Lass uns mal am Freitagabend zusammen mit deinem Vater und Bert Dröppelmann, unserem neuen Präsidenten, in Ruhe darüber reden."

„Gute Idee."

Eigentlich hätten die vier sich gar nicht erst treffen müssen, war doch die Sache so gut wie beschlossen. Bert, der Vereinspräsident war sofort Feuer und Flamme, schließlich war Ari einer der gut zur „Vereinsclique" passte und der auch seine Philosophie vom „Spaß zuerst" teilte.

Ari setzte innerhalb kürzester Zeit seinen Plan fast perfekt um. Schnell war eine erste Mannschaft in der G-Jugend (Bambinis) gegründet und zum Spielbetrieb angemeldet. Da Ari fast alle im Dorf kannte und auch seine besten Freunde mittlerweile Kids im gleichen Alter hatten, war der Andrang so groß, dass sie auch eine F-Jugend anmeldeten. Ari machte die Jugendarbeit perfekt! Schnell hatte er Väter gefunden die sich mit ihm die Trainings- und Betreuerarbeit teilten und er somit mehr Zeit hatte, sich um den Spaßfaktor und das Sponsoring seiner Kids zu kümmern. Kaum ein Verein in der Umgebung brachte in so kurzer Zeit so viele Turniere,

Fußballcamps und andere Sonderveranstaltungen auf den Platz wie die Jugendtruppe von Ari. Die Krönung war jedoch die Ausstattung seiner Kids. Da Ari „Gott und die Welt" in Immergut kannte, viel es ihm auch nicht schwer, einiges an Geld- und Sachwerten für die Kids zu bekommen. So hatten sie nicht nur die neuesten Trikotsätze, sondern auch Trainingsanzüge und Sportaschen. Ironische Stimmen meinten, dass jetzt nur noch ein jedes Kind einen „OPA" bekommen sollte, der ihm die Sporttaschen auch noch hinterhertragen sollte, damit sie sich nicht auch noch übernehmen würden.

Es schien wieder Leben in den schon tot geglaubten FC ImmerGut zu kommen. Neben den „Alten Herren" nutzten jetzt auch noch die Kids die Sportplätze für ihre Spiele. Alles hätte seinen, wenn auch langsamen Lauf nehmen können, wäre da nicht die Kommune gewesen, die das Gelände anderweitig nutzen wollte und somit dem FC ImmerGut die Pistole förmlich auf die Brust setzte.

„Was machen wir, wenn wir es nicht schaffen bis Ende des Jahres eine 1. Mannschaft auf die Beine zu stellen?", fragte Ali den neuen Präsidenten Bert Dröppelmann.

„Dann sind wir nicht nur den Verein, sondern auch noch das Vereinsheim los. Und hier stehen dann irgendwann Häuser auf dem Gelände."

Bert Dröppelmann war das zwar nicht egal, aber so wirklich eine Idee hatte er auch nicht. Zudem war er nicht unbedingt der Typ, der in Veränderungen eine Chance sieht. Als von Bert Dröppelmann keine Antwort kam, ergriff Karl das Wort.

„Ich habe eine Idee!"

„Die von der Spielvereinigung aus Wallenscheid sind gerade dabei ihre Mannschaft abzumelden. Wenn wir denen jetzt das Angebot machen unter unserem Namen eine neue Mannschaft aufzustellen, dann könnten wir doch gegenüber der Kommune den Spielbetrieb nachweisen.

Dann müssten die wiederum uns, laut Vertrag, dass Gelände weiterhin zur Verfügung stellen."

Bert Dröppelmann dachte nach. Er kannte den Trainer „Mischa" aus Wallenscheid persönlich und sehr gut. Schließlich spielten sie doch im Golfclub „Handicap - 3 Uso" zusammen Golf. Blitzschnell hatte er erkannt, dass sich hier eine ganz besondere Konstellation auftun könnte. Mischa war nicht nur sein Golfkollege, sondern sie schwammen auch auf der gleichen Wellenlänge. Wenn Mischa zum FC-ImmerGut wechseln würde, würde er nicht nur viele Spieler aus Wallenscheid mitbringen, er würde auch genau seiner Philosophie entsprechen und ihn gegenüber den ewigen „Verbesserern" und deren Bestreben nach Veränderungen, unterstützen und diese wo immer es geht blockieren.

„Ich mache das", sagte Bert in die Runde. „Auch wenn wir die aus Wallenscheid nicht mögen, so wäre es doch gelacht, wenn wir Mischa nicht gewinnen könnten. Und wir müssen auch nicht mit denen Fusionieren!"

Das leuchtete allen am Tisch ein. Schließlich wäre es ein Traditionsbruch, wenn man mit einem der Erzrivalen fusionieren würde. Und sicherlich wäre das auch eine gute Retourkutsche, schließlich waren es ja gerade die aus Wallenscheid, die damals am lautesten gelacht hatten, als der FC ImmerGut seine erste Mannschaft vom Spielbetrieb abmelden musste.

Bert Dröppelmanns großer Deal

„Haste mal ein Ohr für mich?", fragte Bert Dröppelmann, Mischa den Trainer, als sie gemeinsam auf dem Golfplatz von Loch 9 zu Loch 10 abgeschlagen hatten.

Mischa schaute Bert Dröppelmann interessiert an.

„Was gibt's denn so Spannendes, dass du deine ‚zwei vor' durch ein Gespräch aufs Spiel setzt?"

„Nun", holte Bert Dröppelmann aus. „Ihr löst doch gerade in Wallenscheid eure Mannschaft auf. Und wir in Immergut brauchen dringend eine neue Mannschaft. Und da habe ich mir überlegt, dass du diese als Trainer leiten könntest."

Mischa überlegte einen Moment. Und es wäre nicht Mischa gewesen, wenn er nicht sofort seine Chance gewittert hätte. Hatte er doch in Wallenscheid einige Freiheiten. Jetzt jedoch konnte er die Situation in der sich Bert Dröppelmann und der FC ImmerGut befanden eiskalt nutzen und sich quasi einen Freibrief für alle Aktionen erwerben. Er kannte Bert mittlerweile sehr gut und er wusste auch, dass wenn er ihm den Glauben ließ der Boss zu sein, er seine Dinge ohne jegliche Einwände umsetzen könnte. Erst einmal wollte er Bert Dröppelmann zappeln lassen und dann seine Forderungen stellen.

„OK! Ich überlege es mir und gebe dir nächste Woche Bescheid."

Mischa hatte sich alles gut überlegt. Wenn er jetzt Nägel mit Köpfen machte, hätte er freie Hand und könnte seine Trainerposition nutzen, um seine kleinen Geschäfte zu machen. Dass er nicht allzu viel investieren bräuchte, um die ersten Jahre in den unteren Kreisklassen zu überstehen, war ihm absolut klar. Schließlich hatte er mit dem VfL Wallenscheid genug Erfahrung sammeln können und kannte den spielerisch miserablen Zustand der unteren Kreisklassen und der potenziellen Gegner ganz genau.

„Und hast du es dir überlegt?", fragte Bert Dröppelmann Mischa als sie sich wie verabredet zum Golfen trafen.

„Ja habe ich! Aber nur, wenn die erforderlichen Rahmenbedingungen stimmen."

„Die da wären", drängte Bert Dröppelmann.

„Erstens habe ich absolut freie Hand was die Mannschaft betrifft.

Zweitens möchte ich im Vorstand Mitspracherecht als Sportwart erhalten.

Drittens möchte ich freien Zugang zum Vereinsheim und
den Plätzen haben.

Viertens bekomme ich als Trainer 200,- € im Monat.

Fünftens erhalten einige Spieler Beitragsfreiheit und
sechstens möchte ich für alles, was die erste Mannschaft
und das Sponsoring betrifft ebenfalls freie Hand haben."

„Und was erhalten wir als Gegenleistung?", fragte Bert
Dröppelmann

„Wir werden innerhalb der nächsten Jahre bis in die Kreisliga
durchmarschieren."

„OK! Das ist eine klare Ansage."

Bert Dröppelmann reichte Mischa die Hand und damit war
das Thema erledigt.

„So meine Herren", begann Bert Dröppelmann seine
akribisch vorbereitete Vorstandsrede.

„Ich möchte euch nun unseren neuen Trainer Mischa
Machtsgut vorstellen. Mischa wird ab sofort der Trainer
unserer neu gegründeten ersten Mannschaft sein."

„Und wo kommt die her?", warf Ali fragend ein.

„Nun, die bringt er aus Wallenscheid mit. Zudem wird er
Mitglied des Vorstandes und erhält alle Freiheiten, die er als
Trainer benötigt. Dafür verspricht er uns den Durchmarsch
bis in die Kreisliga."

„Das nenne ich einen Deal", warf nun auch Robert ein und
ergänzend. „Jetzt sind wir wieder ein richtiger Verein."

„Dank unserem Vorsitzenden Bert Dröppelmann", ergänzte
Ari. Er hatte seine Skepsis gegenüber Bert und dem neuen
Trainer abgelegt. Begeistert klopfte er mit der flachen Hand
auf den Tisch. Und wie auf Befehl taten es ihm die anderen
anwesenden nach. Mischa musste sich ein breites Grinsen

verkneifen. Schließlich war sein Plan aufgegangen. Ab jetzt würde er hier sein Ding machen können.

Der Durchmarsch

Es war ein ganz neues Gesicht beim FC ImmerGut zu erkennen. Hatte man in all den Jahren seit der Gründung 1933 auch in schlechten Zeiten immer hinter dem FC gestanden, so spalteten sich schon vor Beginn der neuen Saison die Meinungen über Erfolg und Nichterfolg. Es lag vor allem daran, dass Mischa nicht aus Immergut stammte und zudem noch seine Söldnertruppe, wie man sie abfällig und hinter vorgehaltener Hand bezeichnete, mitgebracht hatte. Bis auf Ali und Bert Dröppelmann ging keiner der Veteranen zu den ersten Spielen des neu formierten FC ImmerGut. Das änderte sich auch nicht, als die ersten Spiele allesamt hoch gewonnen wurden. So konnten sie auch nicht sehen, dass jeder Sieg, gegen auch noch so „blinde" Gegner in der unteren Kreisklasse, mit ausreichend Bier gefeiert wurde. Dass die Gegner in den meisten Fällen in die Feierlichkeiten mit einstiegen, lag zum einen daran, dass man sich aus vergangenen Tagen beim VfL Wallenscheid kannte und zum anderen daran, dass auch die Gegner die Gelegenheit nutzten um sich das ein oder andere Bierchen zu gönnen. Erst als der Aufstieg perfekt schien, wagten sich doch die ein oder anderen als „neutrale" Beobachter auf den Platz. Der Aufstieg in die 4. Kreisklasse wurde gebührend gefeiert und der Alkohol floss mal wieder in Strömen. Auch die nächste Saison in der 4. Kreisklasse verlief ohne größere Probleme. Lediglich ein Spiel ging verloren und man stieg Punktgleich mit dem Zweiten in die 3. Kreisklasse auf. Alle Spieler und Trainer hielten sich für die Größten und keiner wollte der Wahrheit ins Auge schauen und zugeben, dass die Gegner konditionell noch schwächer und oft auch von der Anzahl der Auswechselspieler und deren Qualität her, miserabel aufgestellt und somit selbst für die wenig durchtrainierten ImmerGuter reines Kanonenfutter waren. Dass der Aufstieg noch intensiver begossen wurde, konnte man daran sehen, dass rund um den Sportplatz leere Flaschen lagen. Und wenn man früh aufgestanden wäre, auch noch den ein oder anderen Spieler hätte liegen sehen können. Mittlerweile kamen immer mehr Zuschauer zu den angesetzten Heimspielen. Auch fanden sich ein paar Sponsoren, die dem FC neue Trikots und Trainingsanzüge spendeten. Mischa legte für seine Jungs eine Mannschaftskasse, die sich aus dem Verkauf von Würstchen und Bier füllen sollte, an. Aus dieser Kasse wurde dann auch die „motivierenden" Kisten Bier sowohl fürs Training, als auch für die Siegesfeiern finanziert.

„Ich weiß nicht", sinnierte Ali eines Sonntags während die 1. Mannschaft mal wieder ein Spiel trotz kurzzeitiger Führung zu verlieren drohte. „Die haben einfach konditionell nichts drauf. Und seit die beiden Leistungsträger verletzt ausgefallen und auch Sven aufgehört hat, läuft da nicht mehr viel."

„Tja das fällt mir auch auf. Ist aber auch kein Wunder, schließlich haben sich noch letzte Saison zwölf Mann nach dem Training eine Kiste Bier geteilt, so sind es heute nur noch sechs die dann die Kiste leer machen müssen", ergänzte Peter der neben Ali stand. „Und so langsam habe ich auch die Faxen dicke. Jedes Mal steht beim Training meiner Kids eine leere Kiste Bier in der Umkleide oder es liegen leere Bierdosen in den Mülleimern", fügte Ari, der dem Gespräch der beiden gelauscht hatte und eigentlich ein Fan von Mischa war, hinzu. „Ich habe so die Befürchtung, dass sich die Geschichte wiederholt und aus dem erfolgreichen Fußball nur noch ein Spaßgekicke wird und wir dann wieder vor dem Aus stehen." Er erinnerte sich an die vergangenen Zeiten des einst glorreichen FC ImmerGut und seiner Abstiege wegen ungezügeltem Alkoholkonsum.

Wie recht er mit seiner Aussage haben sollte, zeigten die nächsten Wochen.

Kapitel 8
Mal wieder vor dem Aus

Sie hatten nun schon das achte Spiel in Folge vergeigt und der geplante Aufstieg rückte in weite Ferne.

„Ich habe keinen Bock mehr!", brüllte Lewi nach dem verlorenen Derby und warf sein Trikot wutentbrannt in Richtung der zwei übriggebliebenen Ersatzspieler. „Das ist doch alles Scheiße! Da kämpft und trainiert man jede Woche und die Hälfte der Mannschaft kommt entweder nicht zum Training oder vollgesoffen zum Spiel." Mischa wollte ihn beruhigen. „Komm trink erst mal ein Bier. Wirst sehen, nächste Woche werden wir gewinnen."

„Womit denn?", schrie Lewi seinen Trainer an. „Mit denen" und er deutete in Richtung der anderen Jungs, die sich über die Kiste Bier hermachten, die wie üblich auf er Trainerbank stand. „Zudem solltest du mal langsam mit professionellem Training anfangen", sagte es und lies Mischa einfach stehen. Auch Chris der alte Hase, der so oft es ging, zum Training kam und jeglichen Alkohol oder auch Zigarettenkonsum ablehnte, ging Kopfschüttelnd an Mischa vorbei.

„Wenn du aufhörst, dann habe ich auch keine Lust mehr! Und sicherlich hört auch Wolfi auf", sagte Chris zu Lewi als er in der Kabine angelangt war.

„Hörst du das?", fragte Lewi, Chris, als von draußen die gegnerischen Fans und Spieler lauthals sangen:

ImmerGut - VOLL ~ ImmerGut - VOLL

Wir schlagen den FC ImmerGut

~~~~

denn der ist ständig VOLL

~~~~~

und nicht mehr so toll!

„Das ist mehr als peinlich!"

Dass die drei ihre Ankündigung auch umsetzen würden, überraschte beim FC ImmerGut niemanden mehr.

Mischa versuchte die Lücken mit anderen, zweitklassigen Spielern zu stopfen. Aber die konnten die individuelle Klasse der drei ausgeschiedenen Spieler nicht erreichen. Der Rest der Saison war ein einziger Krampf. Zwei Spiele bestritt man mit nur 11 Spielern, ein Spiel musste man komplett absagen, besser man lief gar nicht erst auf und auch die restlichen zwei Spiele gingen verloren. Nur mit Ach und Krach vermied man den Abstieg. Mischa wusste nur zu genau, dass er mit „Spaß und Alkohol" zwar bei seinen Jungs, aber nicht bei den Spielen punkten konnte. Aber es war auch nicht seine Art, hier hart durchzugreifen. Dafür war er zu sehr der Kumpel-Typ.

„Also, wenn das nächste Saison wieder nichts wird und wir mal wieder absteigen sollten, werde ich hier abhauen", meinte Mischa eines Abends zu seinem Kumpel und Vereinspräsidenten Bert Dröppelmann.

„Das kannst du doch nicht machen. Schließlich geht ohne dich nichts. Und Ari ist auch nicht mehr auf unserer Seite und möchte mit der ‚Ersten' nichts zu tun haben."

„Sag mir wie das noch gehen soll? Es kommen kaum noch Zuschauer und die Sponsoren halten sich auch bedeckt. Zudem finden wir kaum noch gute Spieler."

„Könnte ja auch an deinem Training liegen! Oder?"

Mischa schien es die Sprache zu verschlagen. Hatte er richtig gehört? Bert, sein Kumpel warf ihm, Mischa Unfähigkeit vor.

„Pass auf! Ab sofort lege ich mein Amt als Sportwart nieder. Die kommende Saison werde ich noch versuchen die Klasse zu halten. Wenn das nicht funktioniert, werde ich hin-schmeißen."

Diese Aussage traf Bert wie ein Blitz.

Wenn Mischa hinschmeißt, dann kann auch ich den Hut nehmen - schoss es ihm durch den Kopf. Und dann ist der Verein am Ende.

Dass es ihm dabei am meisten um ihn selbst und weniger um den Verein ging, blieb sein Geheimnis.

Es kam, wie es kommen musste. Die ersten zwei Spiele wurden gewonnen und das „Feiern" stand wieder im Vordergrund. Als dann die kommenden Spiele jedoch allesamt verloren gingen, brach die Mannschaft völlig auseinander und trat zur Rückrunde erst gar nicht mehr an.

Mischa verschwand lautlos von der Bühne und mit ihm die restlichen Spieler.

In den kommenden Tagen meldete Bert Dröppelmann die 1. Mannschaft vom Spielbetrieb ab und legte auch sein Amt als 1. Vorsitzender nieder.

„Das war es dann wohl mit dem traditionsreichen FC ImmerGut!", kommentierte Peter unmittelbar nach Berts Rücktrittsverkündigung, dessen Entscheidung.

„Nicht ganz. Schließlich sind wir noch da. Und damit meinte Ali die Alten Herren, sowie Ari und seine Kids. Was uns, die Alten Herren betrifft, da gebe ich dir recht. Wenigstens solange wir uns noch hierhin schleppen können. Bei der Jugend, sehe ich jedoch schwarz. Solange die Kids klein sind und die Eltern noch mitkommen, funktioniert es mit dem „Spaß vor Leistung". Wenn die dann älter werden, dann wollen sie doch zuerst Fußball spielen und nicht bespaßt werden. Und wie soll das hier funktionieren? Wir haben keinen vernünftigen Aufbau. Die Trainer sind zwar hoch motiviert, aber wohl nicht für weitere Aufgaben gewachsen. Und dann wandern uns die Kids doch scharenweise ab."

Der Rest der Vereinsgeschichte (n) ist schnell erzählt.

Alis Befürchtung war eingetreten. Nachdem der Spielbetrieb bei den Herren eingestellt wurde, verwaiste das Gelände zusehends. Auch der unermüdliche Einsatz von Ari, den Spiel- und Trainingsbetrieb bei den Kids aufrechtzuerhalten, wurde immer schwerer und führte letztendlich dazu, dass man sich auf die kleinsten konzentrierte. Im Laufe der Zeit war auch das Interesse der Eltern komplett verflogen, schließlich waren ihre Kids nun schon im D-Jugend Alter und spielten bei der JSG oder einem anderen Verein. Auch das Interesse bei den Bambinis lies nach.

„Das macht wirklich keinen Spaß mehr", sagte Ari zu seinem Kollegen, dem Betreuer Louis, als sie mal wieder auf dem Trainingsplatz standen und sich gerade Mal fünf Kids eingefunden hatten. „Da haben wir nun alle erdenklichen Trainingsgeräte, eine große Sportanlage und was ist?"

„Nichts ist", antwortete Louis. „Man hat nur Arbeit und reist sich den Hintern auf. Und für was?" Und ohne auf Aris Kommentar zu warten, beantwortete er sich die Frage gleich selbst. „Für nichts! Alles ehrenamtlich! Und nur damit die paar, die noch kommen ´Spaß´ haben."

„OK – dann lösen wir den Betrieb halt auf!"

Louis nickte.

Noch in derselben Woche verkündete Ari den Eltern und deren Kids, die noch geblieben waren, dass am Ende der Saison Schluss mit dem Spielbetrieb sei.

Es gab zwar ein kurzes Bedauern, aber eigentlich war es den Eltern egal. Würden sie ihre Kids halt woanders anmelden.

„Das war's mit dem FC ImmerGut", sagte Ali in die Runde, nachdem Ari allen Anwesenden der „Resttruppe" des FC ImmerGut erzählt hatte, dass er und Louis das Handtuch geworfen hätten und zum Ende der Saison den Spielbetrieb einstellen würden.

„Jetzt wird es eng. Bestimmt wird uns die Gemeinde das Gelände abnehmen und wie schon geplant als Baugelände freigeben."

„Und hier wird dann ein Altenheim entstehen", ergänzte Louis

„Dann ist doch alles in Ordnung", sagte Ari. Und mit erhobenem Schnapsglas und einem Lächeln in Richtung der „Alten" – Herren, „dann könnt ihr ja in Zukunft das Gelände weiterhin sinnvoll nutzen."

Es lebe der FC ImmerGut!

Prost!

Wenn nicht noch etwas Außergewöhnliches geschieht, endet die Geschichte des einst so glorreichen FC ImmerGut an dieser Stelle. Schließlich hatte sich der Kreis von Aufbau bis Abstieg zum x-ten Male geschlossen.

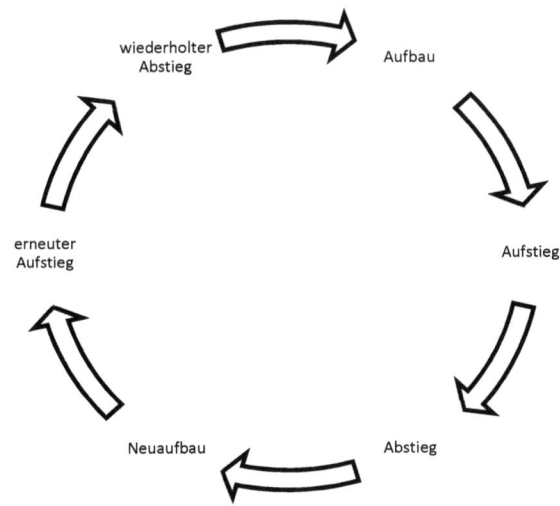

Wie in so vielen anderen Vereinen, hatte man auch beim FC ImmerGut die Zeichen der Zeit nicht erkannt und mit dem „Immer weiter so" und der Einstellung „Spaß (Alkohol) steht an erster Stelle, jegliche Art von Umstellung und Anpassung verpasst.

Aber was heißt schon Anpassung, wenn es den anderen „kleinen" Vereinen nicht viel besser geht und man auch Seitens der Verbände an alten Strukturen und Traditionen festhält, dann ist man zu einem „Weiter so, immer weiter", bis zum bitteren Ende verdammt.

Es sei denn, es geschieht ein

WUNDER

Kapitel 9

Die wundersame Auferstehung des FC ImmerGut

... oder besser - „Leo's Traum"

Leo hatte viele Jahre schon keinen Fußball mehr gespielt. Zu stark waren die Schmerzen im unteren Wirbelsäulenbereich, die er jedes Mal hatte, wenn er es dennoch wieder probierte.

Viele Jahre nach seiner Ära beim FC ImmerGut und vielen anderen Vereinen, ob als Torwart, Stürmer oder auch Trainer, begann er im Alter von 60 Jahren mit der Bildung eines Fußball-Förde-Projektes, welches sich hauptsächlich mit der Optimierung von Nachwuchskickern befasste. Aus diesem Projekt entwickelte sich sein eigenes Potentialanalyse-verfahren, welches er zusammen mit einem erfahrenen Trainerkollegen perfektioniert und an über 750 Teilnehmern getestet hatte. Es erwies sich als äußerst schwierig, für das Thema Leistungsdiagnostik bei Vereinen und Trainern, ein offenes Ohr zu finden. So hielt er Vorträge und schrieb Bücher zu dem Thema um die Vereinswelt zu sensibilisieren.

Leo hatte schon oft damit geliebäugelt, die Chinesen, die gerade dabei waren, ein riesiges Projekt von Fußball-stützpunkten in ihrem Lande aufzubauen, von seinem Verfahren in Kenntnis zu setzten.

Er war davon überzeugt, dass sein Potentialanalysever-fahren ein optimales Produkt sei, Talente in großem Stil zu finden und anhand von wirklich erbrachten Leistungs-daten zu optimieren. Im Gegensatz zu Deutschland, wo der DFB gerade mal über 360 Stützpunkten verfügte, wollten die Chinesen an die 50.000 Stützpunkte installieren. Leo wusste, dass dies ein ungeheurer Markt mit einem riesigen Potential ist.

Die Chinesen

Ich muss nach China. Mit diesen Gedanken ging er ins Bett und schlief ein. Langsam tauchte er ein, in die Welt seiner Träume und fand sich in China wieder.

Leo war sich sicher, dass die Chinesen Innovationen gegenüber aufgeschlossener sind als die Deutschen Vertreter, die er bis dato kennengelernt hatte.

Es war für ihn jedoch schon ein wenig befremdlich in einem chinesischen Wolkenkratzer, ganz alleine mit dem Aufzug nach oben zu fahren. Obwohl Leo es aus seiner früheren Zeit als „Geschäftsführender Gesellschafter" eines kleinen Unternehmens, gewohnt war, vor Repräsentanten von Firmen und Kommunen zu präsentieren, so war dies jedoch eine gänzlich andere Situation. Aber er wäre nicht Leo, wenn er schon jetzt im Aufzug schlapp machen würde.

Sie saßen im Konferenzraum eines Pekinger Hotels, mit nur vier Personen an einem Tisch, der für mindestens 20 Personen ausgelegt war. Seine drei Gesprächspartner saßen ihm gegenüber und waren allesamt Chinesen. Sie waren durch ein E-Mail, welches Leo an die unterschiedlichsten Fußballverbände weltweit verschickt hatte, und in dem er auf eine neue Art der Talentgewinnung hinwies, aufmerksam geworden. Als Vertreter eines privaten Unternehmens, welches sich unter anderem auch mit der Vermarktung von Sporttalenten befasste, hatten sie Leo eingeladen um sich ausführlich über sein Projekt der Potentialanalyse und der damit verbundenen Strategie zur flächendeckenden Talentfindung, zu informieren.

Leo's Erfahrung, in Bezug auf die Kompetenz seiner Gegenüber, die er aus unzähligen Präsentationen hatte sammeln können, sagte ihm, dass es sich hier nicht wie bei den kleinen Vereinen und privaten Sportartikelfirmen, um konservative Personen handelte, die oft nur gelangweilt an den Präsentationen teilnahmen, weil ihnen das Thema nicht zusagte. Im Gegensatz zu diesen, die letztendlich nur versuchten so viel Informationen wie möglich zu erhalten, um sie dann entweder fallen zu lassen oder in Eigenregie umzusetzen, schienen Herr Xing und Herr Chi einen viel weitreichenderen Blick zu haben. Leo wusste ganz genau, dass er hier auf Leute traf, die Innovationen nicht nur befürworten, sondern vielmehr als Chance sehen, daraus einen Vorsprung gegenüber anderen zu erzielen.

Herr Xing, der der Boss, der beiden zu sein schien, sagte etwas auf Chinesisch zu seinem anwesenden Dolmetscher, welches dieser übersetzen, und an Leo weitergeben sollte.

Also, die Herren Xing und Chi haben sich eingehend mit der Situation des chinesischen Fußballs, der Entwicklung im Weltfußball und der Marktentwicklung bei Vereinen, und Verbänden, beschäftigt. Dabei ist ihnen klar geworden, dass es auf der einen Seite, hauptsächlich bei den führenden Nationen, zu einem Entwicklungsstillstand gekommen ist. Dieser hat unterschiedlichste Gründe. Zum einen orientieren sich die Einnahmequellen vom Ticket- und Fan-Artikel-Verkauf immer mehr in die Vermarktung von Fernsehrechten und Spielern, zum anderen wird ein neuer, großer „Globalplayer" die Wett-Industrie sein. Das schon in 2020 die Schallmauer von über 200 Millionen für einen Spieler überschritten werde, sei nur der Anfang, hörte er den Dolmetscher sagen. Ganz neue Ausbildungs- und Talent-Schöpfungsverfahren werden entstehen und die Vereine von jeglichen Traditionen und Zugehörigkeiten entbinden. Spieler werden zu einer beliebig oft austauschbaren Wechselware und spielen in ihrer Karriere für viele unterschiedliche Vereine.

Herr Xing fuhr fort.

Der Dolmetscher übersetzte. Wenn uns ihr Konzept zusagt und wir hier Ansätze zur Umsetzung unserer Philosophie sehen, kommen wir ins Geschäft. Herr Xing bittet sie nun das FFP-Potentialanalyseverfahren und die damit verbundene

Theorie zur Marktdurchdringung, so wie der Optimierung von Spielern und Vereinen zu starten.

Wie viel Zeit haben wir? – hörte sich Leo fragen. Wusste er doch zu genau, dass die Präsentationen vor den wenigen deutschen Vertretern maximal 1- ½ Stunden dauern durften, da ihre Zeit angeblich zu kostbar war um das Thema weiter zu vertiefen.

Herr Xing lächelte und nickte seinem Dolmetscher zu, woraufhin dieser kurz und knapp antwortete – bis wir fertig sind!

Leo war in seinem Element. Die Präsentation und die, sich daraus ergebenden Fragen, hatte fast sechs Stunden gedauert und man verabredete sich für den nächsten Tag zu einer weiteren, wie Herr Xing sagte: Optimierungsrunde.

Obwohl Leo nur die Teile der Diskussionsbeiträge, die von den nun acht anwesenden Personen beigetragen wurden, verstand, und die ihm der Dolmetscher übersetzte, konnte er sich doch einiges zusammenreimen. Schließlich kannte er aus seinen Auslandsaufenthalten, die Vorgehensweise von Japanern und so vermutete er, auch die der Chinesen. Schließlich hatten diese in allen Ecken dieser Erde Personen als Studenten, Auswanderer oder auch einfach Beobachter platziert, um von ihnen die Gepflogenheiten, Wünsche sowie die Vorlieben, der jeweiligen, einheimischen Bevölkerung zu erfahren, damit sie ihre Produkte und Entwicklungen, diesen Ansprüchen entsprechend, optimal anpassen konnten. Dieses Prinzip, so vermutete Leo, könnte die Chinesen nun ebenfalls veranlassen, auch sein Konzept aufzuarbeiten und entsprechend umzusetzen.

Es war eine spannende Runde mit vielen Argumenten und einer lebhaften Diskussion unter den chinesischen Beteiligten. Irgendwann, nachdem bei dem ein oder anderen schon Ermüdungserscheinungen deutlich zu sehen waren, verkündete Herr Xing die Besprechung als beendet und lud erneut für den übernächsten Tag ein.

Es sollte ein historischer Tag für die Entwicklung bei der Talentsuche und deren Optimierung sowie anschließender Vermarktung, für den gesamten Fußball sein.

Leo war nicht wenig überrascht, als er am besagten Tag zur Konferenz erschien. Hatte er doch wieder zehn Personen erwartet, so waren wieder nur Herr Xing, Herr Chi und der Dolmetscher anwesend.

Man konnte die berühmte Nadel im Heuhaufen förmlich fallen hören. Leo wagte kaum zu atmen. Kannte er diese Situation nur zu genau! Doch im Gegensatz zu früheren Präsentationen, wartete er diesmal nicht ungeduldig auf eine positive Entscheidung, dass Projekt umzusetzen und blieb völlig ruhig.

Herr Xing, der Leo genau beobachtet hatte, unterbrach sein Lächeln und sprach mit ganz ruhiger, leiser Stimme, in fast flüsterndem Tonfall in Richtung Leo.

Ohne den Blick von Leo abzuwenden, machte er eine Pause, was für den Dolmetscher das Zeichen war, zu übersetzen.

Leos Herz klopfte und ohne zu atmen, wartete er darauf, was der Dolmetscher zu sagen hatte.

„Herr Xing und Herr Chi, haben sich mit ihren Mitarbeitern ausführlich beraten und sind zu dem Entschluss gelangt, dass wenn sie – und damit meinte er Leo – (Herr Xing nickte zustimmend) ebenfalls damit einverstanden sind, dass wir das Projekt gemeinsam realisieren. Wir, das sind Herr Xing und Herr Chi von der CST-ASSOC. (China-Soccer-Talent Association) werden in Kürze ein gemeinsames Konzept zur Umsetzung des Projektes erarbeiten und ihnen vorlegen. Gleichzeitig wird es einen Kooperationsvertrag zwischen ihnen und der CST-ASSOC geben. Wenn sie dann mit den jeweiligen Punkten einverstanden sind, liegt es an ihnen wo in Deutschland wir das Projekt starten.

Die CST-ASSOC wird ihnen die entsprechenden Mittel und Mitarbeiter zur Verfügung stellen."

Herr Xing fuhr mit seiner Erläuterung fort.

„Gestartet werden soll das Projekt noch in diesem Jahr, jedoch auf kleiner und geheimer Grundlage. Erst wenn die Rahmen-bedingungen in Deutschland gegeben sind, kann das FFP-Potentialanalyseverfahren und die Talent-optimierung und Förderung in großem Stil und flächen-deckend umgesetzt werden." Nachdem Herr Xing seine Ansprache beendet hatte, hörte sich Leo wie durch einen Wattebausch fragen.

„Und was ist meine Aufgabe, neben der Optimierung des Verfahrens?"

„Sie suchen einen passenden Verein und schaffen die Grundlagen. Dann überarbeiten sie das von uns erstellte Konzept und den Kooperationsvertrag. Wenn diese Punkte erfüllt sind, stellen wir ihnen umgehend die entsprechenden Mittel und Mitarbeiter zu Verfügung."

Leo war mal wieder überrascht. Hatte er doch in den 1990 gern schon einmal über die Geschwindigkeit der Chinesen gestaunt, als er vergeblich versucht hatte in Deutschland ein Unternehmen zu finden, welches ihm für ein technisches Produkt die Gehäuse liefern sollte. Ganz anders die Chinesen. Kaum hatte er den Kontakt via Fax an die Auslandsvertretung der DIHK gestellt, kamen auch schon erste Angebote. Und schon zwei Tage später gab es ein Treffen mit den Vertretern einer chinesischen Firma in Frankfurt. Und diesmal war es ähnlich. Unzählige Anfragen und Präsentationen bei deutschen Vertretern des Fußballs und der Sportindustrie, waren im Sande verlaufen oder stießen auf Ablehnung, während die Chinesen, kaum dass sie Wind von der Sache bekommen hatten, reagierten.

Auch die Entscheidungsfindung und die damit verbundene Investition, die eine solche Umsetzung mit sich bringt, schien für die Chinesen kein Thema zu sein und verlief, wenn sie nicht schon vorher gefallen war, scheinbar in nur wenigen Stunden.

Leo war in seinem Traum wieder im Flugzeug auf dem Weg nach Hause. Wer ihn jetzt so in seinem Bett gesehen hätte, hätte das Grinsen in seinem Gesicht sehen können.

Es war ein langer Rückflug mit der Lufthansa von Peking nach Frankfurt und obwohl ihm die Chinesen ein Business-Class Ticket gebucht hatten, konnte sich Leo nicht wirklich entspannen. Immer mehr wurde ihm bewusst, dass seine Idee einer flächendeckenden Einführung von Erfassungs-stützpunkten Realität werden konnte. Sein langes Durch-halten, trotz vieler, zum Teil arroganter und überheblicher Absagen hatte sich gelohnt. Das Projekt – sein Projekt – könnte nun endlich in der einst angedachten Größe, umge-setzt werden.

Mit einem abermals zufriedenen Schmunzeln auf den Lippen und der Erinnerung an den Vortrag zum Thema Leistungs-diagnostik, den er auf dem Trainerkongress in Duisburg gehalten hatte, und bei dem von den vielen anwesenden Trainern keiner IST-Werte Analysen durchführte, weil ihm das Thema zu fremd erschien, kam Leo zu Hause an.

Eines wusste Leo, bald würden sie alle auf Talentfindung und Talentoptimierung in ihren Vereinen setzten und das Wort Potentialanalyse „stotterfrei" aussprechen können

Die Chance für den FC ImmerGut

Zu Hause angekommen, hatte sich Leo direkt auf die Suche nach einem, für das Vorhaben „Fußball-Förder-Projekt", kurz FFP genannt, geeigneten Verein gemacht.

Es erwies sich als nicht so einfach. Vereine, wo er sich sagte, die haben eine entsprechende Infrastruktur, kamen nicht in Betracht, da sie durch die Bank an festen, nicht veränder-baren Strukturen festhielten. Andere wiederum hatten kaum

Strukturen aufzuweisen und schieden schon wegen der mangelnden Platzverhältnisse aus. Wiederum andere lagen einfach zu weit vom Schuss, sodass Anreisen einfach zu lange dauerten. Es war wirklich zum Verzweifeln.

Der pure Zufall wollte es, dass sich Leo an den FC ImmerGut, seinen alten Verein erinnerte. Es war diese kleine Meldung in einer Sportgruppe auf FB, der Leo angehörte.

Traditionsverein „FC-ImmerGut" stellt Spielbetrieb ein.

Nach 85 Jahren geht nichts mehr in Immergut......

… kann Leo den Verein retten? (Dieser Satz entsprang seiner Fantasie).

Aufmerksam lass er den nachfolgenden Text durch. Bert Dröppelmann und andere Namen sagten ihm nichts mehr. Waren diese Personen doch lange nach seiner aktiven Zeit im Verein tätig. Lediglich an Ali, der noch verzweifelt versuchte den Verein zu retten, konnte er sich bestens erinnern.

Leo schlug sich mit der flachen Hand auf die Stirn. Man - warum bin ich nicht direkt auf den FC ImmerGut gekommen. Hoffentlich ist es nicht zu spät.

Leo recherchierte sofort im Internet und fand doch tatsächlich noch den „Postillion" Alis Kneipe und Hotel, in dem sie früher so manches Bierchen geschlürft hatten.

Klar! Wenn hier etwas ging, dann nur über Ali. Wie alt wird der heute sein? – fragte er sich. Bestimmt weit über 70. Hoffentlich lebt er noch.

Leo wählte die Nummer vom „Postillion" und am anderen Ende meldete sich eine junge, sympathische, weibliche Stimme mit: „Hotel Postillion, Franzi Franz! Was kann ich für sie tun?"

„Hallo! Hier ist Leo. Ist Ali zu sprechen?"

„Sie meinen den Seniorchef?", fragte die junge Dame zurück.

„Genau den!", antwortete Leo

„Ich schau mal ob er, da ist. Wenn darf ich ankündigen?"

„Sagen sie einfach Leo ist am Apparat und würde gerne mit ihm nach Rio fliegen – dann weiß er Bescheid."

Es dauerte ein paar Minuten, dann drang Alis Stimme durch den Hörer an Leo's Ohr.

„Leo – das ewige Talent", sagte Ali in seiner trockenen Art. Und ohne abzuwarten. „Das ist doch kein Zufall, dass du mich anrufst. Zimmer habe ich keine mehr, falls du mal wieder eine Horde Städter, die mir das halbe Hotel abreisen wollen, einquartieren willst."

„Man Ali! Das ist hundert Jahre her! Und so schlimm war es nun auch nicht. Oder?"

„Na ja. Was bewegt dich wirklich?"

„Pass auf, du reservierst mir ein Zimmer für mindestens 14 Tage und ich erzähle dir, was ich für euch und den FC ImmerGut tun kann, falls da überhaupt noch etwas geht."

Instinktiv begriff Ali, dass hier etwas passieren könnte, was seinen traditionsreichen FC wiederbeleben könnte.

„OK! Ich stelle dich wieder zur Rezeption durch und dann besprichst du alles mit Franzi."

Vier Tage später reiste Leo nach Immergut und bezog sein Zimmer im Hotel Postillion.

Franzi war eine hübsche, junge Frau mit einem scheinbar ewigen Lächeln auf den Lippen.

„Ali – ich meine der Seniorchef kommt erst am Freitag wieder von der Hotelfachmesse in Köln zurück. Ich soll ihnen bestellen, dass sie sich bis dahin einfach mal im Ort und auf dem ehemaligen Gelände umschauen."

Das Hotel und auch die Gaststube hatten sich im Laufe der Jahre verändert. Aus der verräucherten Gaststube war ein offenes Restaurant geworden und aus den kleinen Zimmern, zum Teil schöne große Appartements.

Franzi führte Leo in den Wellness- und anschließend auch den Fitnessbereich des Hotels.

„Wow! Das ist ja riesig und auch noch mit Pool", staunte Leo.

„Warten sie ab, bis sie erst den Wintergarten und die Golfanlage gesehen haben."

„Beeindruckend! Komme ich noch immer über den kleinen Trampelpfad zum Sportplatz?"

„Ja! Den kleinen Pfad gibt es immer noch, aber heute ohne Pfützen und Schlammlöcher und beleuchtet ist er auch noch."

Woher wusste dieses junge Ding, wie der Trampelpfad früher ausgesehen hatte – fragte sich Leo und machte sich auf den Weg entlang des Wintergartens in Richtung Sportplatz.

Es war ein breiter Pfad. Asphaltiert und mit Randsteinen und schönen Rosenhecken begrenzt. Alle 5 m stand eine schicke, auf alt gemachte Laterne und beleuchtete den Weg. Zusätzlich hingen große Banner mit seinem Konterfei und dem Schriftzug „Leo - rette uns".

Irgendwie kam Leo der Weg länger vor als damals. Auch vermisste er den alten Stromkasten, der die Flutlichtanlage, das Vereinsheim und auch die Kühlungen der Bierwagen, die bei jedem Sportfest oder Derby dort standen, mit Strom versorgte.

Leo war sichtlich überrascht, als er um die Ecke bog und sein Blick auf die riesige Sportanlage mit ihren drei Fußballplätzen, einer Beachvolleyball-Anlage, einer Laufbahn und vier Tennisplätzen blickte. Im Hintergrund warf eine ebenfalls riesige Sporthalle ihren Schatten auf die angrenzenden Plätze. Und auch hier war sein übergroßes Gesicht mit dem Schriftzug" Leo – rette uns" zu sehen.

Leo's Bauch schien sich zusammen zu ziehen und das Herz laut vor Freude zu klopfen.

ICH RETTE EUCH!

Genau das Gelände ist es, was sie für das FFP-Projekt benötigen würden. Ali würde ihm bestimmt sagen können, welche Plätze noch durch andere Sportaktivitäten genutzt würden und auch ob die Sporthalle für das Vorhaben ausreichend groß genug sein würde.

Die halbe Nacht und auch den nächsten Tag war Leo damit beschäftigt weitere Informationen über die Zukunft des Sportareals herauszubekommen.

Er hatte erfahren, dass Ali mal Bürgermeister von Immergut war und dass er immer noch ein gewichtiges Wort im Gemeinderat besaß. Auch hatte man ihm erzählt, dass es immer noch keine endgültige Entscheidung in Bezug auf Bebauung geben würde. Aber auch, dass es einige Interessenten gäbe, die dort Häuser bauen wollten.

Leo saß gerade beim Frühstück, als Ali sich mit einer Tasse Kaffee in der Hand, an seinen Tisch setzte.

Ohne ein Wort zu sagen, schauten sich beide von oben bis unten, musternd an.

„Du bist dick geworden!", brach Leo das Schweigen

„Du bist immer noch klein! Nur im Gegensatz zu dir kann ich abnehmen, du aber nicht mehr wachsen."

„Da hast du recht!"

Beide lachten und drückten sich herzlichst.

„Bist immer noch der Alte", sagte Leo

„Wenn du meinst „wie immer", dann hast du recht. Ansonsten zwickt es überall."

„Geht mir nicht anders", bestätigte Leo Alis Anmerkung.

Ali hatte sich zwischenzeitlich an den Tisch gesetzt und schien der Dinge zu harren, die da von Leo kommen mögen.

„Ich habe gehört, dass du dich für 14 Tage einquartiert hast. Scheint ja doch eine interessante Sache zu sein."

„Ich denke schon", erwiderte Leo mit einem leichten Grinsen.

„Und was kann ich für dich tun?", fragte Ali.

„Nun – du bist der Dreh- und Angelpunkt für mein, ich meine unser Projekt und unser Potentialanalyseverfahren."

Das war das erste Mal, das Leo von Ali ein Äääh hörte. War Ali doch immer ein eloquenter und sehr zurückhaltender Mann gewesen.

„Was verstehst du unter Projekt? Und was ist eine Potential-analyse?"

„OK! Ich werde dir alles erklären. Schlage jedoch vor, dass wir uns heute über die guten „Alten" Zeiten unterhalten und morgen mit dem Vorhaben beginnen. Leo schob Ali eine Kladde mit vielen Fragen und kurzen Erläuterungen über den Tisch. „Kannst du dir heute Nacht in Ruhe durchlesen und mit einem ‚Augenzwinkern' - falls du nichts Besseres zu tun hast."

„Die Zeiten sind leider vorbei", erwiderte Ali und wies Franzi an, ihnen zwei Bier und zwei Schnäpse zu bringen.

Aus dem Frühstück wurde ein feucht fröhlicher und lang-gezogener Brunch.

Als Leo gegen 17:00 Uhr den Frühstücksraum verlies, bereitete das Personal schon das Abendessen für die Gäste vor.

Leo hatte ein komisches Gefühl im Bauch, als er auf sein Zimmer ging. Was wenn Ali sein Projekt gut finden würde, und sie alle Hebel in ImmerGut in Bewegung setzen würden, und dann die Chinesen einen Rückzieher machen würden? Schließlich hatte er bis heute nichts mehr von CST-ASSOC und Herrn Xing gehört. Auch lagen ihm noch keinerlei Projektentwürfe und Kooperationsangebote vor.

Erst einmal die Mails checken und dann zwei Stündchen schlafen - dachte sich Leo, der von den vielen Bieren und Schnäpsen mit Ali nicht nur müde geworden war, sondern sich auch noch leicht betrunken fühlte.

An erster Stelle der ca. 15 E-Mails stand das von CST-ASSOC.

In perfektem Deutsch/Englisch war zu lesen:

Dear Leo,

anbei die ausgearbeiteten Projektentwürfe, Anforderungs-bögen und der Entwurf einer Kooperation inkl. Honorar- und Beteiligungsofferte.

Wir bitten um eine schnelle Sichtung der Dokumente und der beiliegenden Kooperationsvereinbarung.

Wenn es möglich ist, werden wir am Montag 9:00 Uhr ihrer Zeit, eine Videokonferenz mit Herrn Xing starten.

Bitte um eine kurze Bestätigung

Kindley regards

Xung Chan (Dolmetscher)

Man konnte förmlich den berühmten Stein von Leos Herzen plumpsen hören, nachdem Leo das Mail geöffnet und die Nachricht gelesen hatte.

Yaaaah – das ist es! – brach es aus Leo heraus. Jetzt erst einmal duschen, dann richtig ausschlafen und morgen früh nach dem Frühstück den Vertrag und Projektentwurf studieren und am Nachmittag mit Ali das Projekt erläutern. Dann habe ich auch erste, wichtige Informationen für die Videokonferenz am Montagmorgen – dachte es und träumte weiter.

Ali hatte Leo zum Essen, zu sich nach Hause eingeladen um dann anschließend mit ihm in Ruhe über das Projekt, wie es Leo nannte, zu sprechen. Ali war sehr gespannt auf das, was ihm Leo erzählen würde. So richtig jedoch konnte er sich nicht vorstellen, was es da so gravierend neues geben könnte. Kannte er doch zu gut die „neuen Methoden" die sich allesamt als Luftblasen erwiesen, weil sie entweder nichts brachten oder von kleinen Vereinen nicht umgesetzt werden konnten.

Alis Frau Sybille legte ihre Serviette beiseite und mit einem Lächeln entließ sie Ali und Leo auf die Terrasse um ihnen dort einen hausgemachten Caipiroska zu servieren. Sybille stellte die beiden Drinks auf den Tisch.

„Ich lasse euch beiden dann mal allein", sprach's und verschwand in der Küche.

„saúde", sagte Ali und hob sein Glas

„Wow! Du kannst dich noch an das portugiesische Wort für Prost erinnern?", fragte Leo doch ein wenig überrascht.

Ali lächelte. „Nur zu gut!". Und man hatte den Eindruck, dass er für einen Moment wieder in Rio verweilte.

Als müsste er sich selbst wieder zurückholen aus seinen schönen Erinnerungen, schüttelte er sich wie ein begossener Pudel, was dann in einem lauten Stöhnen endete.

„Ok! Dann erzähl mal was so Geheimnisvolles hinter deinem Projekt steckt!", forderte er Leo auf.

Leo holte tief Luft. „Nun was ich dir jetzt erzähle bleibt erst einmal unter uns, und zwar solange, bis wir, ich meine du, die nötigen Einzelheiten geklärt hast. Und vergiss alles, was du bis dato so in deinem Fußballerleben kennengelernt hast."

„Mach's nicht so spannend", forderte Ali Leo auf.

Es ist das „**Fußball – Förder – Projekt.**"

„Bei meinem Projekt handelt es sich um ein Pilotprojekt, was wir hier in ImmerGut aufbauen wollen."

„Was soll das sein? Und wer ist ‚wir'?", warf Ali fragend ein.

„Nun beginnen wir mit Punkt zwei. Wir, das sind meine chinesischen Partner und ich. Ich habe das Verfahren der FFP-Potentialanalyse erfunden und entwickelt und den Chinesen, nachdem es in Deutschland niemand haben wollte, vorgestellt. Schon nach kurzer Zeit haben sie das unglaubliche Potential, dass dahinter steckt erkannt und mir eine Kooperation angeboten."

Mit einem „Stopp" unterbrach ihn Ali. „Das hört sich ziemlich groß an. Da frage ich mich, wie du ausgerechnet auf unseren, nicht mehr existierenden Verein gekommen bist?"

Leo hatte mit dieser Frage gerechnet.

„Lehne dich zurück und höre einfach zu."

„Also bei meinem, ich meine unserem Projekt handelt es sich um den Aufbau eines Talente Findungs- und Ausbildungsverfahren, welches sich zum Ziel gesetzt hat, schon in den unteren Jahrgängen Talente aufzuspüren und entsprechend auszubilden, um sie dann für gutes Geld zu vermarkten."

„Das gibt es doch schon! Da laufen doch draußen genügend Scouts herum die das täglich praktizieren", warf Ali ein.

„Das ist richtig. Aber die setzen erst spät und ich meine so in der D/E- Jugend an. Und dann werden die Kids meist erst an DFB Stützpunkte geschickt, wo sie eine entsprechende, zusätzliche Ausbildung erhalten sollen. Viele Talente bleiben schon in den Vereinen, mangels eines koordinierten Trainingsaufbaus und unzureichender Trainerausbildung, sowie subjektiver Fähigkeitsbeurteilungen auf der Strecke. Andere werden erst gar nicht entdeckt. Erst wenn sie es bis in die Leistungszentren größerer Clubs schaffen, haben sie eine reelle Chance, eine erfolgreiche Karriere zu starten."

Leo machte eine kurze Pause. „Und wir wollen ein flächendeckendes Verfahren aufbauen, welches Kids durch kontinuierliche IST-Werte Analysen schon in den Grundschulen, bei Vereinen und sogar auf der Straße erfasst und entsprechend ihrer Potentiale, nahelegt, eines unserer Zusatzausbildungszentren zu besuchen. Dort erhalten sie dann von bestens ausgebildeten Trainern und ich meine nicht mit DFB-Lizenzen versehen, sondern nach unserem Konzept geschult, eine individuelle Potentialförderung von den Basics über die Technik bis hin zur Athletik. Natürlich sind auch solche Werte wie Koordination, Kognitivität, sowie Motivation, aber auch Disziplin darin enthalten."

„Das habe ich verstanden", sagte Ali. „Aber wie soll das umgesetzt werden?"

„Nun - beginnen wir mal ‚Step by Step'."

„Erstens schaffen wir hier beim und mit dem FC ImmerGut eine Basisstation. Hier soll dann das Ganze im Verborgenen aufgebaut und getestet werden. Wenn das Projekt steht und es so funktioniert wie wir uns das vorstellen, werden bundesweit und später auch weltweit, sogenannte FFP - Akademien errichtet.

Zweitens kreieren wir eine internetgestützte Challenge, bei der großflächig jeder der mitmacht, mit seinen Ergebnissen erfasst und durch das Scorewerteverfahren automatisch an den aktuellen Höchstwerten in der jeweiligen Disziplin und der Alters- und Geschlechterstufe, berechnet und eingestuft wird.

So können wir in wenigen Sekunden nach einer jeden Messung erkennen, wer in den erforderlichen Disziplinen Begabung zeigt und wer talentiert ist oder gar wirkliche Veranlagungen aufweist, die förderungswürdig sind. Das heißt: Hier geht es nicht um die übliche, subjektive Beurteilung durch einen Trainer oder Spielersichter, sondern um tatsächlich gemessene Werte.

Und jetzt kommt's, wenn diese Werte dann vorliegen, können diese gezielt optimiert werden und auch Schwachpunkte abgestellt werden. Ähnlich wie das überall auf der Welt bei jeder Entwicklung von Produkten und Verfahren und auch im sportlichen Profibereich stattfindet. Bei uns finden Optimierungen immer auf der Grundlage von gemessenen IST-Werten statt. So können auch „Nicht" - Fußballer entsprechend ihrer Werte, an Leichtathletik- oder andere Sport-Fördereinrichtungen übergeben werden.

Das eigentliche Ziel jedoch ist die Vermarktung, dieser bestens ausgebildeten Nachwuchstalente durch eine eigene, weltweit agierende Agentur."

„Soweit habe ich das alles verstanden", sagte Ali. „Wie finanziert sich das Ganze? Und nochmal. Was soll hier in Immergut genau passieren?"

„Also – die Finanzierung des Projektes wird angeschoben durch unseren chinesischen Partner, die CST-ASSOC. Danach erhält jede Akademie einen entsprechenden Anteil aus der Vermarktung von Spielern oder anderer Talente. In Immergut sind die Voraussetzungen für einen ungestörten Aufbau optimal. Die Sporteinrichtungen wie Plätze und Halle etc. sind vorhanden. Dein Hotel bietet Platz für mindestens 20 Dauergäste wie: Trainer, Ausbilder - und Forschungsstab. Weitere Zimmer für eventuelle Talente, die zu Ausbildungslehrgängen anreisen werden, hast möglicherweise auch du oder auch andere Unterkünfte in Immergut. Was noch zusätzlich benötigt würde, dazu zählt auch ein überdachter Kunstrasenplatz, ein neuartiges Konferenzzentrum, Geräteräume und Gerätschaften, übernehmen wir, sofern Baugenehmigungen seitens der Kommune erteilt werden."

„Und wie willst du das Ganze geheim halten?"

„Wir lassen den FC ImmerGut wieder auferstehen!"

„Nach Außen wird es den alten ‚Spaß' – FC geben und im Hintergrund läuft die Ausbildung. Die Spieler des FC werden wie gehabt aus der Umgebung rekrutiert und die Mannschaften sukzessive mit Talenten ergänzt. Die Trainer erhalten ebenfalls eine professionelle Schulung, sowie die Hilfe eines Koordinators. Alle Verantwortlichen erhalten dementsprechend gut dotierte Verträge, sodass sie nicht für einen „Appel und ein Ei" sich abplagen müssen. Der Staff für das Background-Projekt, ich meine unser wirkliches Projekt, sind Angestellte der CST und kommen aus unterschiedlichen Ländern und Sportarten. Zusätzlich wird es ein professionelles Fernsehteam geben, welches die Trainingsabläufe etc. dokumentiert, die als Lehrfilme für andere FFP-Akademien eingesetzt werden sollen."

Ali schluckte. Er hatte vieles in seinem Leben bewegt. Doch dieses Projekt schien ihn gedanklich zu überfordern.

„Gib mir bitte einen Tag Zeit, dass Ganze zu verarbeiten. Sicherlich habe ich dann noch eine Menge Fragen an dich."

„OK – machen wir so", antwortete Leo und beide gönnten sich noch einen leckeren Caipiroska bevor sich Leo von Sybille und Ali verabschiedete.

Zwei Tage später rief Ali Leo auf dem Handy an.

„Kannst du in etwa zwei Stunden auf der Gemeindeverwaltung sein?"

Leo schaltete sofort. „Klar! Was ist mit deinen Fragen?".

„Sind nicht so wichtig. Jedenfalls nicht jetzt. Also - ich seh dich in zwei Stunden, so gegen 16:00 Uhr in der Gemeindeverwaltung bei Bürgermeister Erwin Müller."

„Unser Erwin?", fragte Leo erstaunt. Schließlich hatte er auch noch mit Erwin Fußball gespielt.

„Genau der", antwortete Ali und legte auf.

Sie saßen zu viert im kleinen Konferenzraum des Bürgermeisteramtes, als Ali und Leo eintraten.

„Danke", sagte Ali in Richtung Erwin Müller, der sich zwischenzeitlich herzlichst mit Leo begrüßt hatte. „Dass ihr es so schnell schaffen konntet uns und - äh - ich meine Leo zu empfangen."

„Tja- das sind die kurzen Wege in einer kleinen Gemeinde, da geht alles, sofern man es will, schnell und ohne Aufheben", antwortete Erwin Müller und ließ seinen Blick über die zustimmenden Gesichter der anderen Gemeinderatsmitglieder schweifen.

„Machen wir es kurz, Ali hat mir über dein Projekt erzählt. Ich habe es kurz den Kollegen erläutert und kurzfristig diesen

Termin anberaumt, damit wir aus erster Hand erfahren worum es geht und was die Kommune davon hat."

In einer knappen, halben Stunde hatte Leo den Anwesenden das Projekt erläutert und die Punkte aufgelistet, bei denen er von der Gemeinde eine Lösung erwartete.

„Das hört sich ja spannend an", sagte Erwin in die Runde, nachdem Leo seine Präsentation beendet hatte. Die anderen nickten zustimmend, was Leo wiederum als OK - deutete. „Sollten wir der Sache zustimmen, wie wird es dann weitergehen?", fragte Erwin erneut.

„Nun! Die besprochenen Punkte werden gemeinsam konkretisiert und dann vertraglich fixiert und zur gegenseitigen Ratifizierung vorgelegt. Sobald die Verträge geprüft und unterschrieben sind, wird das Geld angewiesen und umgehend mit deren Umsetzung begonnen", antwortete Leo auf die Frage.

„Also - wenn ich das richtig verstanden habe, kauft die CST der Gemeinde das gesamte Sportgelände und zusätzlich, weiteres, erschlossenes und direkt angrenzendes Gelände für den Bau eines überdachten Sportplatzes und eines Ausbildungszentrums ab?", fragte Peter Meyer, einer der anwesenden Ratsmitglieder.

„Genau! Aber erst, wenn der FC-ImmerGut wieder zum Leben erweckt wurde und sich die Challenge zur Talent-findung als tauglich erweist. Bis dahin gibt es eine Absichts-erklärung."

„Und wie lange meinst du, wird es dauern, bis dann, sofern es funktioniert, das Ganze umgesetzt wird."

„Nun, wenn alles läuft wie geplant, ca. ein Jahr. In dieser Zeit wird nicht nur die Challenge mit allem Drum und Dran aufgebaut, sondern auch schon die Pläne für die Bauprojekte erstellt."

„OK! Dann lasst uns über die, von Leo dargelegten Angebote diskutieren und entsprechend Zeitnah entscheiden. Nächste Woche hast du unsere Aussage."

„Das passt mir gut. Dann kann ich in der Zwischenzeit mit Ali über den Wiederaufbau des FC ImmerGut und die Unterbringung der chinesischen Partner und Trainerkollegen sprechen." Ali und Leo verließen das Bürgermeisteramt und verabredeten sich für den nächsten Tag zu einem Arbeitsfrühstück.

„Dann erzähl mal!", forderte Ali Leo auf, nachdem sie ausgiebig gefrühstückt hatten.

Leo wälzte sich im Bett hin und her. Im Unterbewusstsein spürte er, das es nun eine weitere Phase gab, wo er SEIN Projekt skizzieren musste. Bloß nicht zu euphorisch werden – dachte sich Leo.

„Also. Wir planen den FC ImmerGut in drei Bereiche zu unterteilen.

Unter der Bezeichnung

befinden sich dann die Bereiche:

Bereich 1 „Spielbetrieb:

Das ist der altbekannte FC mit Spaß und Freude am Kicken. Nur der Alkoholkonsum sollte drastisch reduziert werden.

Hier sollen auch Talente die Möglichkeit erhalten, ihre erworbenen Optimierungen im Echtbetrieb auszuprobieren und auch zeigen zu können.

Bereich 2 „Talentfindung"

Unter dem Begriff

wird ein Verfahren installiert, welches es möglich macht, in allen Bereichen, wie Schulen, Sportvereine und auch bei Events, Talente mittels einer Art Castingshow zu finden.

Potentialanalyse©

„Hier werden die, durch die Challenge aufgespürten Talente einer weiteren IST-Werte-Analyse unterzogen und durch gezielte Trainingseinheiten ihre Schwächen abgestellt und ihre Potentiale ausgebaut. Unter diesem Bereich ist auch die spätere Vermarktung angesiedelt."

„Und so soll es ablaufen", fuhr Leo fort.

„Sobald du jemanden gefunden hast, der nicht nur Ahnung vom Fußball hat, sondern in der Umgebung auch Gott und die Welt kennt und der bereit ist, den Spaß-FC nach meiner und der Philosophie von CST aufzubauen und zu führen, legen wir los. Ali fiel sofort Ari ein. Hatte sich Ari doch in den letzten Tagen des FC ImmerGut noch als eine der wenigen Konstanten im Verein erwiesen.

Danach werden wir gemeinsam mit ihm als Erstes die FFP-Challenge ins Leben rufen und diese intensiv ausbauen.

Parallel dazu wird ein kleiner Stab damit beginnen, hier die Voraussetzungen für ein optimales Ausbildungszentrum auf Basis von Potentialanalysen aufzubauen. Selbstverständlich erst einmal im Hintergrund und auf dem vorhandenen Gelände. Sobald das alles installiert ist, werden die Duldungs- in Übernahmeverträge umgewandelt und mit den Baumaßnahmen begonnen. Der FC ImmerGut erhält Mittel und Unterstützung aus unserem Pool.

Das Ausbildungszentrum, die FFP-Akademie, wird im Laufe der Zeit einen quasi „Parallel-Verein" innerhalb des FC ImmerGut, mit professionell ausgerichteten Mannschaften und Spielern aufbauen und betreiben. Das heißt, wenn sich das Projekt so umsetzen lässt, wird ImmerGut in höheren Spielklassen aufsteigen und sich dort etablieren. Und im Vertrauen, wenn es soweit ist, werden viele weitere „ImmerGut – Akademien" weltweit entstehen."

„Und was ist mit den Experten aus China?", fragte Ali.

„Es wird nicht nur Experten aus China geben, sondern auch aus anderen Ländern. Schließlich gehört es zur Philosophie von CST nie einseitig zu operieren, sondern das Beste aus allen Ecken der Welt miteinander zu verknüpfen und somit flexibel und schnell auf alle Erfordernisse oder auch Änderungen reagieren zu können. Was übrigens auch meiner Philosophie entspricht."

„Das wird aber ein hartes Stück Arbeit, schließlich sind hier die Strukturen dermaßen eingefahren, dass jede Form von Veränderung quasi wie die ‚Pest' bekämpft wird. Und das bis in die obersten Kreise der Verbände", ergänzte Ali.

„Keine Sorge. Das Projekt läuft nicht gegen die Verbände und Fußballorganisationen und deren Ausbildungsphilosophie. Im Gegenteil. Sie werden alle davon profitieren. Lediglich die bestehenden Scouting - Agenturen werden sich umschauen müssen."

„Und was ist, wenn die großen Fußballorganisationen das ganze kopieren?"

„Nun – wenn die so schnell reagieren und sich so einig sind wie viele europäische Staaten und Industrien und damit meinte er die EU, was Innovation betrifft, dann wird das Projekt stehen und ist kaum mehr zu kopieren."

„Na dann legen wir mal los." Ali reichte Leo die Hand, die dieser gerne und freudig ergriff.

In Leo's Traum ging nun die Post ab!

Ari wurde von Ali über das Projekt informiert und war begeistert. Endlich konnte er wieder seiner Lieblingsbeschäftigung nachgehen und Fußballmannschaften aufbauen und trainieren. Zwei Chinesische Wirtschafts- und Vertrags-experten waren angereist und hatten ihre Zimmer in Alis Postillion bezogen. Auch hatte Ari zwei junge Burschen, darunter einen Brasilianer, der auf einem Golfplatz arbeitete, aktiviert, um gemeinsam in dem brandneuen Promotion-Mobil, die speziell ausgearbeiteten Challenge - Erfassungen durchzuführen. Im Vereinsheim wurde eine vorläufige FFP-Potentialanalysenerfassungseinheit aufgebaut. Sie diente der weiteren Erhebung von Leistungsdaten, von den, aus den Challenges rekrutierten Talenten. Im Postillion stellte Ali einen speziellen Bereich für die vorübergehende Zentrale des FFP zur Verfügung. Leo und die beiden chinesischen Vertreter von CST hatten selbigen mit allen erdenklichen, technischen Anforderungen ausgestattet. Als feste Größe wurden zwei Programmierer eingestellt, die sich nicht nur um den Aufbau einer Challenge- und Erfassung-App kümmerten, sondern, auch als Zentrale für alle, aus den Challenges eingehenden Werte, dienten. Zusätzlich sollten sie gemein-sam mit den Erfassern elektronische Erfassungs-methoden und Gerätschaften in das Projekt einbinden. Eine ortsan-sässige Baufirma wurde beauftragt das bestehende Sport-gelände des FC ImmerGut zu sanieren. Eine regionale Firma wurde beauftragt die Vermarktung der Challenges zu übernehmen und ebenfalls regionale Vereine einzubinden. Dass diese Agentur auch einem ehemaligen Bundesligaprofi, der aus der Region stammte, einsetzte, erwies sich als absoluter Renner. Schnell waren Termine für die Ausrichtung einer Challenge bei Vereinen, in Schulen und auf dem Gelände des FC ImmerGut gefunden und entsprechend über Presse, Funk und Fernsehen, sowie dem Internet, sport- und fußballbegeisterten Teilnehmern schmackhaft gemacht worden. Warteten doch für jeden Sieger eines einzelnen Wettbewerbes, sowie für die Jahressieger, viele lukrative Preise, die zum Teil von regionalen Unternehmen gesponsert wurden. Ari und seine beiden Erfasser-Kollegen kamen kaum mehr nach. Zu riesig war das Resultat aus den Anmeldungen, die man über das Internet online durchführen konnte. Auch der Preis von 15,- € pro Person schreckte niemanden ab, sich anzumelden.

Innerhalb von nur knapp sechs Monaten wurden fast 100 Challenges mit ca. 5000 Teilnehmern durchgeführt. 250 wurden eingeladen in ImmerGut eine weiterführende Potentialanalyse zu absolvieren und über 100 kamen regelmäßig zu den angebotenen Zusatzausbildungen, die auf wirklich erfassten Leistungs-, bzw. IST-Werten basierten.

Ari, der inzwischen aus einigen ehemaligen Fußballern eine Freizeitruppe gebildet hatte, meldete zur neuen Saison eine neue Mannschaft an. Im Jugendbereich wurde ebenfalls mit dem Aufbau einer G- und F- Jugend begonnen. Was Ari allerdings nicht kannte, das waren die neuen koordinierten Ausbildungsverfahren und Zeiteinheiten, die zum FFP-Konzept gehörten. Was er jedoch sah, war die Tatsache, dass seine Trainingseinheiten disziplinierter und auch konzentrierter abliefen und das Resultat einer konzentrierten und koordinierten Trainingsarbeit, wöchentlich auf dem Platz zu sehen war.

Die FFP-Challenge App wurde zu einem wahren Renner! Nicht nur das die Teilnehmer ihre Resultate und Platzierungen online nachverfolgen und sehen konnten, wo sie im Vergleich zu den absoluten und aktuellen Bestwerten, mit ihren Ergebnissen, standen. Sie konnten sich auch jederzeit, nachdem sie zu Hause geübt hatten, problemlos für eine neue Challenge anmelden.

Es war Herbst geworden und Ari hatte mittlerweile zwei Herrenmannschaften und vier Jugendmannschaften angemeldet. Wobei er die meisten der Akteure aus den Ergebnissen der Challenge rekrutiert hatte. Noch erstaunlicher war, dass diese neu formierten Mannschaften den anderen Dorfvereinen, mit ihren speziell angeeigneten Basic-Fähigkeiten schnell in vielerlei Hinsicht sehr überlegen waren.

„Nächste Woche kommen Herr Xing und Herr Chi die Bosse der CST-ASSOC nach Immergut um die Kaufverträge mit dem FC-ImmerGut und der Gemeinde abzuschließen und den Grundstein für die neue Akademie zu legen. Gleichzeitig bringen sie weiteres, führendes Trainerpersonal, sowie Kognitiv- und Koordinativ-Spezialisten mit", sagte er, Leo zu Ali, als sich beide mal wieder am Platz trafen und die trainierenden Spieler beobachten.

„Das wurde aber auch höchste Zeit", erwiderte Ali.

Leo schaute ihn verdutzt an.

„Schau dir doch an, wie die arbeiten. Völlig anders als ich das aus meiner und auch der heutigen Zeit kenne. Die Spieler scheinen hoch motiviert zu sein. Und schau mal was die für einen Spaß haben. Und als käme er aus dem Staunen nicht mehr heraus", fügte er hinzu. „Die fangen ja schon systematisch bei den Kleinsten an, um sie auf eine perfekte Ballbeherrschung zu schulen. Aber der Hammer ist die theoretische Ausbildung. Gestern habe ich mich einfach mal in so eine Einheit gesetzt. Da sitzen Groß und Klein zusammen und alle erhalten eine „Fußballer-Weisheit" vom feinsten. Hätten wir das damals gehabt und man hätte Alkohol und Zigaretten verboten, wäre bestimmt mehr aus uns geworden!"

„Oder?"

„Da gebe ich dir vollkommen recht", hörte Leo sich Alis Kommentar bestätigen.

Schon nach kurzer Zeit konnte Ali auf dem Konto des FC ImmerGut einige tausend Euro als Guthaben verbuchen, die sich allesamt aus dem Anteil an der FFP-Challenge, die der FC ImmerGut vertraglich besaß, ergaben.

„Man - das ist unglaublich!", sagte er zu Ari und dem neu formierten Vorstand. „Ohne großes Dazutun so viel Geld in der Kasse."

„Warte erst einmal ab bis die privaten Ausbildungen aus den, bei den FFP-Challenges regenerierten Talenten, beginnt. Dann kommen weitere Einnahmen hinzu. Aber was wir bis jetzt noch nicht, in der Kürze der Zeit umgesetzt haben, ist die Vermarktung der ausgebildeten Talente an Profivereine. Wenn das erst einmal greift, wird der FC ImmerGut zu den wohlhabendsten Vereinen der Republik gehören.", führte Leo an.

Und wieder machte sich dieses wohlige Gefühl von Stolz in Leos Brust breit. Genussvoll drehte er sich in seinem Bett von der einen auf die andere Seite.

Und als müsste es ihm Ali noch einmal bestätigen

„Wenn ich nicht genau sehen würde, wie schon allein die ersten Schritte dieses neuen Konzeptes wirken, würde ich glatt sagen, dass du spinnst."

Die Grundsteinlegung für eine neue Zukunft

„Gehen wir noch einmal alle Zwischenergebnisse des FF-Projektes durch", sagte Herr Xing auf dem Flug von Peking nach Frankfurt zu seinem Gegenüber Herrn Chi.

Chi räusperte sich

„Nachdem die Planungsphase abgeschlossen war, begann unter der Leitung von Leo der Aufbau der FFP-Challenge. Dauer ca. zwei Monate. Danach begann eine intensive Betaphase in der das Verfahren von der Programmierung bis zur Vermarktung und gleichzeitiger Erfassung, auf Herz und Nieren getestet und immer wieder optimiert wurde. Mittlerweile sind mehr als 5.000 Personen aller Alters- und Geschlechtergruppen erfasst und ausgewertet worden. Über 250 wurden zur sogenannten FFP-Potentialanalyse eingeladen um weitere, exakte Werte zu erhalten. Dabei handelt es sich ausschließlich um Leistungs- und nicht um Gesundheitsdaten. Über 100 Personen wurden eingeladen sich der weiteren SPO (Spieleroptimierung) anzuschließen und eine kontinuierliche Ausbildung unter den neuesten Erkenntnissen unserer, zu Zeit acht nationalen und internationalen Ausbilder zu erhalten. Fünf Teilnehmer wurden vertraglich gebunden und zur Ausbildung an Profivereine der ersten und zweiten Bundesliga vermittelt."

„OK – und wie ist der aktuelle Stand in diesem Immerg…"

„Immergut", ergänzte Chi

„Immergut ist ein kleiner Ort mit etwas mehr als 1200 Einwohnern. Es gibt mehrere kleine Vereine angefangen vom Schützenverein, über Tennis, Volleyball und einem Freizeit-Turnverein. Ein Trainer betreibt noch rein privat eine Minigruppe in der Leichtathletik."

„Und unser Verein?"

„Nun - der FC ImmerGut wurde wieder reaktiviert und verfügt dank unserer Hilfe – und speziell Leo's Einsatz, aktuell über drei Jugendmannschaften und eine Herrenmannschaft. Es wird aber gerade damit begonnen, eine zweite Mannschaft aufzubauen, die sich ausschließlich über das FF-Projekt rekrutiert.

Wir haben zudem dort sechs internationale und zwei chinesische Mitarbeiter einquartiert, die im Moment die unterschiedlichsten Bereiche abdecken. Zudem haben wir mit Leo und einem sogenannten „Altprofi" zwei weitere Personen die sich um den Aufbau und den Vertrieb des FFP-PA Verfahrens kümmern.

Übermorgen werden sie – und er nickte in Richtung Herrn Xing, die Grundsteinlegung für die FFP-Akademie vornehmen und die Kaufverträge für die weiteren, angedachten Flächen, unter anderem für den Bau eines überdachten Fußballplatzes, mit der Gemeinde Immergut unterzeichnen."

Herr Chi fuhr mit seiner Auflistung fort.

„Während der Baumaßnahmen geht der Betrieb der Challenges weiter und gleichzeitig beginnen unsere Repräsentanten mit dem Ausbau der FFP-Stützpunkte in Deutschland. Sobald wir unser Ziel erreicht haben, werden wir flächendeckend in den sogenannten Entwicklungs-ländern, darunter auch China mit dem Aufbau der FFP-Akademien beginnen. Schätzungsweise erreichen wir völlig neue Dimensionen an Teilnehmern und wirklichen Talenten, die ohne das Verfahren möglicherweise nie entdeckt würden."

Leo's persönliche Erfolgsstory (Traum) nahm kein Ende

Im Zeitraum von drei Jahren war nicht nur das FFP-Akademie Gebäude, die Freiluftsporthalle und zwei weitere Kunstrasenplätze, sondern auch ein kleines Medien- und Konferenzzentrum für Präsentationen und Schulungen entstanden.

Das überall Plakate und Banner mit Leos Konterfei und dem Spruch „Danke Leo" zu sehen waren, war ein Resultat ausufernden Fantasie und Stolzes.

Das wirtschaftliche Konzept war mehr als nur aufgegangen. Mittlerweile verfügte die CST-ASSOC über 35 FFP-Akademien in Deutschland und der Umsatz war, ohne Spielervermarktungen einzubeziehen, auf einen dreistelligen Millionenbetrag angewachsen.

CST begann nach dem Deutschen Vorbild mit dem kontinuierlichen und weltweiten Aufbau von Talentsichtungsverfahren. Dabei setzte man ausschließlich auf wirkliche IST Werte (Daten, Zahlen und Fakten) von Talenten, um sie innerhalb der FFP-Akademien zu optimieren.

Der FC ImmerGut hatte seinen Spaßbetrieb der „Alten Qualität" (Alkohol) eingestellt, was Leo wiederum ganz besonders gefiel. Mittels eines, bis ins Detail perfekt erarbeiteten Konzeptes, und den abgestellten Talenten aus der FFP-Akademie, wurden die unteren Amateurklassen schnell verlassen. Es fehlte nicht mehr viel und die erfolgreichen Zeiten aus den 70ern waren erreicht.

Im Gegensatz zu einigen anderen Amateurvereinen setzte man bei allen, dem FFP-Konzept angeschlossenen Vereinen auf Konstanz, und rekrutierte Spieler ausschließlich aus den eigenen FFP-Akademien.

Das Ziel, eines Tages aus allen FFP-Akademien eine eigene Bundesligamannschaft zu stellen, schien gar nicht so abwegig, schließlich konnte man bei jedem, aus der FFP-Schulung erwachsenen Talent, die perfekte Ausbildung und Ballbeherrschung sehen. Der quantitative Anteil bei der Spielervermarktung von FFP-Talenten stieg stetig und mit ihm auch die Summen, die die CST-ASSOC aus den Spielertransfers erzielte.

Leo bestätigte in seinem Traum wohlwollend die Ergebnisse, die nur durch ihn und seine Idee zustande gekommen waren.

Aber nicht nur die CST-ASSOC verdiente an dem FFP-Verfahren, auch alle angeschlossenen Vereine. Unter anderem der FC ImmerGut und das gesamte Dorf.

Und auch das hatten sie nur ihm, dem ‚ach so großen Leo‘ zu verdanken.

Mittlerweile war Leo in seinem Traum im Jahre 2025 angekommen

Er und Ali saßen sich in den Ruhesesseln zwischen Indoorpool und Sauna gegenüber. Vor ihnen auf dem Tisch standen zwei eiskalte Caipiroskas.

Leo hielt Ali sein Glas entgegen um gleichzeitig zu einem „saúde" anzusetzen, als Ali ihm mit einer Kopfbewegung andeutete, sich umzudrehen.

Leo blickte auf den Vorhang, der die große Wand zwischen Pool und Sauna verdeckte, und langsam beiseite fuhr.

Nach und nach erschien eine riesengroße Collage mit Copacabana, Corcovado und Maracana-Stadion. Und als wäre das nicht schon genug „Gutes Feeling", lächelten zwei OBA-OBA Girls vom Zuckerhut.

Ein erstauntes Wow - entfuhr Leos Kehle. „Das sind doch unsere ....." – „schönen Zeiten von damals", ergänzte Ali mit einem verschmitzten Grinsen im Gesicht.

„saúde" - „saúde"

Beide tranken einen kräftigen Schluck und ließen sich mit einem wehmütigen Seufzer in die Liegen fallen.

„Man sollte ein Buch darüber schreiben!", sagte Leo im Schlaf laut vor sich hin.

Ganz langsam driftete er vom FC ImmerGut und dem FF-Projekt hinüber nach Rio und befand sich Sekunden später in den Armen der bildhübschen, sexy Oba-Oba Girls.

Gerade als es am schönsten wurde, riss ihn der Wecker brutal aus seinen Träumen.

Schlagartig wurde ihm klar, dass sein FF-Projekt nur ein Traum ist und wohl kaum jemanden finden würde, der sich für das Thema interessiert.

Es sei denn ...

Die Chinesen kommen.

Weitere Bücher von Theo Gitzen gibt es sowohl als E-Book oder auch Buch in fast allen Verlagen, bei Amazon, Thalia oder bei BoD unter: https://www.bod.de/buchshop/

unter dem Suchbegriff: Theo Gitzen oder der ISBN

LEISTUNGSDIAGNOSTIK IM AMATEUR- UND JUGENDFUSSBALL
WARUM ZAHLEN, DATEN, FAKTEN MEHR AUSSAGEN ALS SUBJEKTIV GEFÜHLTE ANNAHMEN

ISBN-13: 9783752876956
Verlag: Books on Demand

DAS FFP POTENTIALANALYSEVERFAHREN
IST-WERTE KORREKT ERFASSEN UND AUSWERTEN

ISBN-13: 9783752804942
Verlag: Books on Demand

DIE FFP FUSSBALL- CHALLENGE
EIN MUSS FÜR JEDES FUßBALL-EVENT

ISBN-13: 9783752887990
Verlag: Books on Demand

ERFOLGREICH TRAINIEREN
GRUNDSÄTZLICHES FÜR (PAPA)-TRAINER UND BETREUER

ISBN-13: 9783748101499
VERLAG: BOOKS ON DEMAND